M000281416

蔡康永的情商课 2

因为这是你的人生

蔡康永 著

CNS PUBLISHING & MEDIA
湖南文艺出版社
HUNAN LITERATURE AND ART PUBLISHING HOUSE
博集天卷 CS-BOOKY

蔡康永的情商课 2

因为这是你的人生

所有与别人的相处，都是为了让我们这个仅有的、独一无二的自己，能够活得更自在，而不是更委屈。

康永说

如果你想要认识陌生人，可以怀抱这样的小信念："我们之间一定有关联，只是你还没发现而已。"

听到对方是律师。"好巧，我从小就想念法律。"

听到对方念哪家学校。"好巧，我以前搭的巴士都会经过你们校门。"

看到对方在买狗罐头。"好巧，我有一阵子买不起人罐头，也都是吃这个牌子的狗罐头。"（好啦，这句是我乱讲的。）

好巧！
我有一阵子
买不起猫
罐头，
也都是
吃这牌
子的狗
罐头！
真的？
DOG
DOG

从小到大，

我们不知道有多少次幻想过：

我们要是生在别人的家里会怎么样？

别人的爸妈如果是我们的爸妈，

又是什么样的感觉？

我爸妈一点都不了解我！
我一定是别的猫家的小猫，在医院被抱错了！
那你打算去比尔·盖茨他们家，
通知他们当初抱错了小猫吗？

康永说

一切就像那个有名的笑话：

神明在你面前显灵，告诉你，一定会不劳而获地发大财。你欣喜若狂之余，就乖乖地在家宅了十年，结果不但没发大财，还几乎要饿死。总算等到神明再度显灵，出现在面前，你大发脾气，指责神明欺骗你，谁知道神明比你还生气：“我这十年安排了十次让你中头奖，结果你连一张彩票都不买！”

你骗我!!
根本没有
发财!!
我这十年安
排了十次让
你中头奖,
结果你连一张
彩票都不买!

如果爸妈的愿望刚好就是你的愿望，那真的很恭喜你们全家。如果他们有五亿财产要你继承，你也乐意继承，皆大欢喜；他们有五亿债务要你继承，你也乐意继承，皆大欢喜；他们要你嫁给英国王子，你也乐意嫁，皆大欢喜；他们要你嫁给英国青蛙，你也乐意嫁，皆大欢喜。

但当然也有可能，爸妈的愿望跟你的愿望不一样。他们要你嫁给英国青蛙，可是你偏偏想要嫁给澳洲袋鼠，这时候就一定不能皆大欢喜了吗？

爸，妈，我
想嫁给他。

康永说

很多人会困扰，为什么越长大越难交朋友？为什么小时候好像交朋友容易得多？

最普遍的说法是，我们小时候没有那么在乎面子，对朋友没有很功利的要求，也没有太在意学历、阶级、门户这些东西（大家都才念小学，应该也还没有立场在乎学历吧？倒是有些家长很爱比幼儿园的昂贵程度）。

回想我们小时候，还不知道自己到底需要什么样的朋友，适合什么样的朋友，反正抓到篮子里的就是菜。

等到长大，我们越来越觉得，抓到篮子里的不一定能做菜，有的洒了太多农药，有的价格太贵，有的其实是蜡做的。

你是蔬菜吗？
好像是……
你是罐头！

如果常常脱口而出就是被动句，这可能意味着我们不想承担我们所做的选择。

比如我们选择了翘课，等到这一科考试不过关，我们说我们被老师挂了科，而不说是我们选择不念书。把事情都推给别人，当然很轻松，但造成的后果就是，我们越来越忽略自己在很多事里其实是最关键的决定者。

肯定是被老
师挂的！
明明是你自己
经常翘课，不
好好上课！
快打扫！

康永的序

Preface

我们怎么判断一个人活得好不好？最简单的判断标准就是：看这个人活得有没有选择。

被问到想吃面包还是油条时，可以回答不饿，暂时都不想吃；被问到喜欢伴侣比自己高还是矮时，可以回答高矮没关系，谈得来比较重要。这些回答就表示我们有选择，不只二选一，而且可以选择要或不要，我们的意志得以实现，我们可以感受到拥有选择所带来的幸福。

你可能听过这个嘲笑商人的小故事：

一个商人去了一个小岛出差，他在小岛的海边遇到一个渔夫，这渔夫的船很小，捕到的鱼也很少，但渔夫不在意，懒洋洋地躺在船头享受阳光、海风。

商人发现鱼这么多，渔夫却这么懒，忍不住职业病发作开始为渔夫规划：如何向银行借钱来添购设备、成立捕鱼船队，然后就可以整合上下游资源、多角化发展等等。

“然后呢？成立了大公司、赚了大钱之后呢？”渔夫问。

“然后？然后你就可以退休，找个漂亮的小岛，整天悠哉地享受阳光与海风啦。”商人说。

“我现在就已经在过这样的生活了啊。”渔夫笑着说。

这个小故事摆明了要讲商人是笨蛋，渔夫是智者。

商人辛苦奔忙那么多年，最后得到的无非是渔夫早已在享受的生活。

这个故事当然能打动不少为工作所苦的人，但这个故事没提到一件很重要的事。

如果渔夫依照商人的建议，奔忙多年，也幸运地赚到了钱再退休，所换到的生活真的只是跟渔夫本来的生活一样吗？

当然很不一样。

不一样的地方在于：渔夫人生的选择，会比原来多得多。

渔夫目前虽然悠哉，但谁也不知道他心中是否偷偷在忐忑。他其实已经提早把他的选项用掉了，他选择不要忙于赚钱，他要悠哉度日。这个选择不劳我们来评价好坏，渔夫自己高兴就好。

但是每个选择，都会使我们之后的选择变更多或变更少。你会翻开这本书，也是一个选择：好奇是否人生有更多的可能。而我作为作者，当然也是为了令看书的人，能一步一步累积更多的选择，才有动力写这么多字啊。如果每读一页就关上一扇人生的门，这种书写来干吗呢？渔夫目前选择悠哉度日，把接下来的门关上了好几扇，渔夫之后如果静极思动，可能没预算离开小岛，没能力转行去做其他的职业。（除非他竟然捞到一箱沉在海底的古董，或是水中冒出女神，问他是不是掉了金斧头还是银枕头……）

努力赚钱的人，未必有什么高尚的目标，大家无非是想给自己多一些选择而已：选择住的地方，选择吃的东西，选择生活的方式。

为什么要那么辛苦，只为了多一些选择？

因为有的选择，是感觉幸福的基础。
没的选择的时刻，永远是我们最郁闷的时刻。

想翘课不能翘课，想辞职不能辞职，想离婚不能离婚……只要没的选择，我们就会感到身不由己的痛苦。

我们被生出来是没的选择的，我们最后会死也是没的选择的，在这生与死的两端之间，我们渴望给自己多一些选择。

这本书讲的，是只要你起心动念，不必辛苦奔忙，就能如泉涌一般多出来的人生选项。

这些多出来的选择，并不要求我们拼命去赚钱（当然，讲赚钱的书，也轮不到我来写就是了。而且，拼命去赚钱，人生能多出多少选项，但同时又会失去多少选项，其实很需要盘算的）。

是佛祖度化了众生？还是众生度化了佛祖？

从头到尾完全自己一个人的人生，是不可能的。我们想完成的所有事，从马桶冲水到生孩子，只靠自己的话，马桶冲不下去，孩子也生不出来。

拿笔想画一个圆，在圆形画成的那一瞬，就势必会同时出现圆形的里面跟外面。没有外面，就没办法有里面，也就没办法形成那个圆。

这个世上，没有所谓的别人，就没办法形成所谓的自己。

即使是出于人们需要而形成的各种造物主、各种神明，再怎么神通广大，也没办法自己一个人独活，也还是需要有相信他们的信徒，这些神明才可能存在。

所谓离开俗世的出家人，许愿要度化众生，那也要有众生，出家人才有对象可以度化。

世上任何物种，如果只剩最后一只，那很快这个物种也就会灭绝。

没有别人，可不只是没了水电、交通、医疗、美甲店以及麻辣锅，而是这一生就注定永远没了可说话的对象，没了被认识的可能，没了被需要的机会，没了爱人与被爱。

既然没有别人就无法有自己，那就无可回避地剩下一件事：如果真心想要“做自己”，我们一定是在别人环绕之下做自己，而不是搭火箭到空无一人的火星上去做自己。

做自己的人，人际关系是这样的：

是由你来引导别人如何看待你，而不是你被迫接受别人的看待；

是想要独处的时候才独处，而不是被迫一个人孤单；

是恰如其分地理解别人对我们的评价，而不是照别人的意思而活。

这些就是活着的重要选项，听起来平凡，但生活过就知道，能活成这样，需要一些本事。但这些选择权，值得我们努力，一旦拥有了这些选择，我们才有机会决定自己在世上的坐标，决定要怎么样在别人的影响之下，依然能做自己。

不能等别人心情好时，把这些选项赏赐给我们，这些选项本来就该由我们为自己制造出来。我们能吃能拉、能自行制造出生活所需的能量，当然也就能制造出这些本来就属于我们的选项。这是本书的信念。

春风没有明确的任务、没有特定的企图，春风是一种存在的方式

本书所建议的，为我们自己制造选择的方式，可以说开始就下一秒开始，不必报名学外文学、咏春，也不用考执照、筹资金，书中建议的，全都是信手可以拈来的日常之事，既不神秘，也不困难，唯一需要的，就是我们能鼓励自己放开来想象、放开来感受我们与别人的关系。

人生既然一定要有别人，当然就要把别人搞定，接着才能搞定人生。不要自暴自弃地去跟一些容易被搞定的人混在一起，而是反过来，找到值得在一起的人，想办法把他们搞定，开放地去想象、去感受他们为什么可能进入我们的人生，会带给我们什么，又会从我们这儿得到什么，他们适合在我们的人生里待多久，我们适合在他们的人生里待多久，等等。

作家萨特说过一句广为传诵的名言："别人是地狱。"这话之所以广为传诵，应该就是因为很多人有共鸣，我们的生活是既时时离不开别人，却又常常受不了别人，于是别人成了地狱。

但天堂或地狱，说穿了都是一念之间的事，怀抱着错误且不必要的期望，当然就会遭受混乱又不必要的失望。朴素一点，不要期待别人是天堂，也不用把别人当地狱，干净简单地把别人就当成别

人。自己以外的人，就是别人。我们需要别人，但我们更需要在别人环绕之下，依然保有自己。我们需要的别人，是能够成全我们做自己的那些人（当然，同时我们也要成全对方）。

所有与别人的相处，都是为了让我们这个仅有的、独一无二的自己，能够活得更自在，而不是更委屈。

想象、感受，并且迈出步伐、付诸行动去安排我们与别人的关系，我们才有机会住进内心那个柔和又坚固的居所：做自己。

体会活着的美好，不可能是依赖那些别人硬塞给我们的、根本感受不到的、各种虚构硬编的“意义”。活着的美好，只能靠感受。一个情商高的人，能令别人感到“如沐春风”，春风没有明确的任务、没有特定的企图，春风既不是来拍人马屁的，也不是来压人跪地的。春风是一种存在的方式，要成为一阵一阵的春风，有各种形成的条件。我希望你能在这本书里，找到一些适合你的条件，渐渐地，你找到一些令你如沐春风的人，而你自己也成为一个令人如沐春风的人。（到时，我可就羡慕你了……）

你要活得自在，这不用跟任何人解释任何理由，因为啊，这是你的人生。

蔡康永的情商课 2

因为这是你的人生

目 录
Contents

啪!

01

提供给别人日行一善的机会，顺便收割友谊

蔡康永的情商课 2

因为这是你的人生

据说歪歪脑袋是为了

把脆弱又至关重要的颈动脉袒露出来，

非常符合动物向对方示好的原则。

停止说“顺其自然”吧！ I want what I want !

我没有很喜欢“顺其自然”这四个字，我相信你也不至于热爱这句话，只有想不出办法、已经无事可做时，我们才说“顺其自然”“随缘吧”。我们穿衣打扮可不会顺其自然，路边捡到什么就乖乖拿来穿，我们会选择适合的衣服。对于环绕身边的人，我们当然也要挑选适合我们需求的人，而不是随便顺其自然地就把自己的人生给打发了。

一开始，我想跟你一起研究一下，怎么认识你想认识的陌生人。

如果“认识陌生人”也算一种能力，那你早就具备这种能力了。要不然你到现在认识的这些人，都是哪里冒出来的？总不可能都是在娘胎里就认识好了的吧。

只是，曾几何时，我们认识人的能力退化了，我们认识的人，几乎都是为了生活必须去接触、而不得不认识的人。

但真正重要的能力，不是去认识这些顺便认识一下、或是不得不认识的人，而是去认识我们感觉值得认识、感觉想认识的人。

在这本书的一开始，我们来一步一步地温习我们从小就具备的这个能力吧。我在书里开设了一个酒吧，当作我们可以放松一点的实验室。在这个酒吧里，我们一起舒展筋骨、探寻自己在世界的位置吧。

有的人长相让人留下深刻印象，有的人长相则如同水泥墙上的雨痕，让人无法留下印象，这确实很不公平。然而，是谁告诉你有公平这回事的?

酒吧的门打开，走进来一位长相很整齐、但也很平淡的小姐。

酒吧灯光本来就够暗了，如果再长得很平淡，就连水泥墙上的雨痕都不会有人看见了。

照理说，整齐小姐应该不会引起太多人注目，可是没想到，整齐小姐缓缓走向吧台，一路上却有不少人望向她的背影。

今天在吧台轮值的是长得好看的酒保，酒保当然也算服务人员，可是这位酒保如同大部分好看的人，虽然不至于故意傲慢，但终究自动散发傲慢气息。平常他对于不起眼的客人不会失礼，但也就是酷酷的没什么反应，不过即使是他，也忍不住在整齐小姐坐下来的时候，偷瞄了她的背部一眼。

你一定以为整齐小姐的衣服背后挖了一个大洞，一直挖到尾椎处，或者她肩上攀着一个来找酒的微型土地公，对吧？

不对，衣服没有挖洞，只不过是衣服的原厂吊牌没有拆掉。扑克牌大小的吊牌，很显眼地在整齐小姐的颈子后方悬挂着，晃来晃去，连标价被画掉之后显示的打折价，都看得很清楚。

整齐小姐本人显然完全没有察觉这件事，她点了一杯柯梦波丹，拿在手上晃啊晃，她没有想到第一个跟她搭讪的，是旁边坐的鬈发女生。

"呃……这件衣服现在已经打六折了哦？"

整齐小姐很吃惊。

"你怎么会知道打六折？你也买了同一件吗？"整齐小姐问。

"我没买，可是我知道啊，原价两千，六折之后一千二。"

"所以，你在那家店工作？"整齐小姐问。

"也不是，是你这件衣服的吊牌很大，上面的价钱看得一清二楚。"

鬈发女生拉了拉吊牌，整齐小姐才发现，两个人同时哈哈大笑。

两个人就这样边喝边聊天，过了半个钟头，整齐小姐约好的另外一位朋友也到了酒吧，三个女生就聊得更热闹了。

为什么小 S 建议康永在肩膀上扛着妈妈？为什么康永会向来宾询问无知的问题？

认识新朋友很难吗？

有点难，但是有方法。

整齐小姐做了几件事，都有助于认识新朋友。

首先，她选择了进入一个对的地方。酒吧聚集了东张西望、不甘沉闷的人，而且酒精有助于大家卸下心防，比平常亲切。（比起来，如果选择去电影院的话，第一，电影院太黑，就算你七窍流血，也没什么人会注意到；第二，大家都在看电影，谁跟你东张西望，除非你选的是超级冷门的艺术片，整个电影院只坐了你跟他两个人，电影本身又常常五分钟都没发生什么动静，这样也许还有机会互相多看两眼。）

其次，她安排了一个对的时间。虽然她有约朋友，可是她比朋友早半小时抵达，也就是说，她起码有半小时是孤单独处的（有些女生在学校，连上厕所都喜欢拉着朋友一起，这样虽然在厕所遇到冤魂鬼娃娃的时候有个伴，但也就堵住了跟另一个落单的人交流的途径）。

地点跟时间都很不错，再来，新买的衣服的吊牌露出来，发挥了很重要的两个功能，这两个功能都有助于让陌生人认识你。

第一个功能是引起注意。你一定也有经验，衣服里外穿反了，有人会提醒你或是开两句玩笑。脸上粘了饭粒，腿上打了石膏，也都能引发同样的效果。当然，微妙的是，这不是整齐小姐故意的。如果你觉得衣服吊牌未免也太小，别人容易错过，你就故意在身上布置一个显眼的东西。如果是在肩膀上放一只黑鸟的标本，这还算低调，可是如果像我的节目搭档小S所建议的，在肩膀上扛着妈妈，这样就太故意了，酒吧里的人当然会吓到，除了驱魔道士，可能交不到其他新朋友。

衣服的吊牌刚好露了出来，而且还够大，这是可遇而不可求的。如果整齐小姐故意让吊牌外露，她整个人看起来大概不会那么自然。

那么，有没有什么事是我们可以故意安排，但又不会让人觉得太刻意的呢？当然有，只要找到适合你的，就不会太刻意，我们可以一起来找找看。

衣服吊牌外露，另外还发挥了一个功能：

提供给别人日行一善的机会，能够让别人不费吹灰之力，就感觉到帮助了人、感觉到做了好事是个好人，令人自我感觉良好，这一招是让别人愿意跟你相处的、不露痕迹的无相神功。

（我主持节目时，常问非常无知的问题，一方面是对很多事我真的无知，另一方面来宾轻易解答了我的困惑，会感觉他帮助了可怜的我，接下来会怀着慈悲的心，对我很和气。）

“他是我先生，同时也是我最好的朋友。”

不管在实体世界或虚拟世界，都值得认识新朋友。

因为朋友能够提供的情感支持，其他的人际关系提供不了：家人提供不了，同学提供不了，同事提供不了，伴侣也提供不了。

在大部分时候，我们根本没有期望家人、伴侣、同学或同事可以变成最好的朋友，如果这些人同时具备了朋友的身份，那是运气好、赚到。

不信的话，你想一下，如果有人的介绍词是：“他是我先生，同时也是我最好的朋友。”“她是我女儿，同时也是我最好的朋友。”“他是我同事，同时也是我最好的朋友。”这都会让被介绍的人感觉非常欣慰，自己竟然除了原本的身份之外，还被当成最好的朋友看待。这样的介绍词，也会让听见的人感到很羡慕。

很多心事，我们只会告诉朋友，不会告诉爸妈或伴侣。

如果已经对家人感觉到失望，就会分外珍惜朋友这种人际关系：起码朋友是可以换的，人生不同阶段可以有不同的朋友，随时可能交到新的朋友。而家人就没办法，不能选择，不能换。

如果觉得自己很难认识新朋友，可以参考整齐小姐的做法。

首先选个地点，是有兴趣交朋友的人聚集的地方。除了酒吧之外，还可以考虑：学校的课外活动社团、听演讲的场所、球场、公园、各种兴趣班的教室（烹饪、舞蹈、品酒……）、各种互助团体、大众交通工具上，反正大部分是非关生存，而与乐趣或学习有关的聚会场所。

从猫咪到你的老板，整个哺乳动物界通用的示好表情

然后呢，要散发出愿意认识人的气息，除了显露出自己是一个人落单之外，当然也包括乐于与人接触的表情。

什么是乐于与人接触的表情？除了人人都知道的微笑（千万不要是假笑）之外，另外有两个表情来自 FBI 的心理学专家的传授：**一个是略微歪歪脑袋，也就是让头部别那么直挺挺的，变斜一点。**

据说歪歪脑袋是为了把脆弱又至关重要的颈动脉袒露出来，非常符合动物向对方示好的原则（不过说实话，电影里的迅猛龙打算吃掉猎物之前，也会歪着脑袋打量一番，然后一口咬下……哎呀反正你试试看也不会骨折，万一有用就赚到了）。

微笑以及歪脑袋，现在就可以对着镜子练习。然后呢，**FBI专家说，有一个非常少人会察觉的表情，就是快速而轻微地挑一下眉毛**。专家说，我们可以观察任何人，当他对另一个人有好感的时候，眉毛一定会动一下。你观看节目的时候，不妨观察一下主持人与来宾的眉毛。以我的经验，眉毛完全不会动的来宾，确实会让主持人深感挫折。我有位朋友，一度在额头打了太多肉毒杆菌，结果她发现，那一整个星期她的公司里气氛都很沉重。她有一天实在忍不住问了她的秘书，结果秘书说，全公司的人都以为她每天进办公室的时候都已经濒临发脾气的边缘，所以大家皮都绷很紧，没有人敢惹她。我朋友非常意外，她不可能每分钟照镜子，所以她不知道自己整个星期眉毛都不动，眼角也完全不出现笑纹，看起来就是从坟墓中爬出来之后心情很差的样子，令人只想躲得远远的。

反正无论如何，多拓展自己的表情，让自己习惯有表情。我遇到过不少人，在听人聊天或是开会时都毫无表情，这样的人很容易下次派对就被排除在名单之外，有时更会把老板激怒到跳起来大吼："你到底有没有在听我说话！"**安于没有表情的人，感情路与人生路都堪忧。**

一本有态度的书、脚踏车篮子里一株神秘的盆栽、夹在腋下的滑板……都是无声的呼唤

至于整齐小姐身上那个意外翻出来的衣服吊牌，它所发挥的两个功效，我们分开来说。

第一个功效，是引起在场的人的好奇，并且留下印象。如果你允许自己耍一点小心机，那么，可以贴上以假乱真的刺青贴纸，自己动手给耳机或指甲加工，左右脚穿上不成对的鞋子，在背包里塞一个会冒出来半截的新买的娃娃……也许这些对你来说是耍了一点小心机，可是对平日爱打扮的人来说，这都只不过是比较有风格的打扮而已。说白了，任何打扮本来就都是小心机。谁能够像灰姑娘那样，自己尽管装清纯，却由一群小鸟飞进屋来帮你把华服穿上，还夸张到穿了天下唯一一双连公主都没见过的水晶高跟鞋。

如果你实在非常抗拒在打扮上搞花样，那就在行为上透露出某一种生活习惯也行：在车上看某一本很有态度的书，牵只爱撒娇的狗进公园逛，脚踏车的篮子里用铁链捆好一株神秘的盆栽，或者虽然沿途路况根本溜滑板会摔死，但还是夹着滑板走路。

所有的这些，都是无声的呼唤，呼唤有着同样特质或态度的陌生人对你感兴趣，注意到你的存在。

同样特质、同样态度，常常是友谊的基础。两人如果都知道某款手机的某个隐秘功能，或者都讨厌同一个倒霉的明星，都可能是一段友谊的开始。

没有人想和完美无瑕的人交朋友

整齐小姐的衣服吊牌还有一个对陌生人潜移默化的功能，就是：身上一个小破绽，使你成为暂时的弱者，令别人瞬间有了优越感，也就是“幸好老娘没这么蠢”的文明说法，别人因此不但注意到你，而且能够以举手之劳就帮到你，这样能使对方对她自己更满意，而顺便不自觉地对你留下好印象。

当我们提醒一个人裤子拉链没拉，或者小心地上那一坨狗屎时，我们会对自己满意，因为有机会用这么小的事情来证明，我们挺靠近自己想象中那个好人的。然后很微妙地，我们会对受帮助的那个人产生友善的好感。就像酒吧里的鬈发女生拉了拉吊牌，帮助整齐小姐修正了这个破绽之后，两个人就会同时哈哈大笑聊起天来，形成融洽的气氛。

不管是弄不清左右方向，还是数钱老是数不清，假睫毛脱落一半，头发动不动就翘起来，都是无伤大雅的破绽，陌生人也都帮得上忙。（但让陌生人替你数钱……）

有时候，明明应该是公务应酬的场合，但如果某个人喝醉了，站不稳甚至坐在地上哭，显露出脆弱的那一面，需要旁边的人搀扶或照顾，这往往也会引发同样的效果。

除非是演技精湛的演员，要不然一般人很难自然呈现出无伤大雅的破绽。取而代之的方法，就是给自己来一个需要别人帮点小忙的状况，请对方教你怎么用电脑上的一个按键，或是为你解释大蒜跟水仙花的差别。

很多人误以为，在陌生人面前展现完美的自己，才能引起对方的注意，博得对方的好感。这是误会。

交朋友跟买东西不一样，你会精挑细选一个感觉无瑕疵的洗衣机或钻戒，但你不太会想要跟一个感觉无瑕疵的人做朋友。

（除非你这辈子对自己的角色设定就是丫鬟。）

当然，有些破绽绝对妨碍交友：口臭或鼻毛喷出鼻孔。这是陌生人无法帮忙，或者想帮忙也无法启齿的事。另外，被警车追捕，或者是流着血在地上爬，这些状况又太吓人，一般陌生人应该都会避之唯恐不及，通常只有在好莱坞动作片里，这些状况才会刚好遇上超级英雄或今生挚爱。

我知道有些人喜欢逞强，不喜欢示弱，习惯这样的人，不妨回想一下，到目前为止，

逞强为你带来的是什么？又令你失去了什么？

02

当我们谈论朋友时，我们在谈些什么？

如果你想要认识陌生人，

可以怀抱这样的小信念：

“我们之间一定有关联，只是你还没发现而已。”

酒吧里面，播放着二十一世纪初的流行歌曲。

酒吧的常客、过气的节目主持人，随着一首又一首他熟悉的歌曲，摇头晃脑，无限陶醉。主持人最活跃的时期，也是在二十一世纪刚开始的时候，这些歌唤起了他的灿烂回忆。

一个穿着尖头靴与皮夹克、梳着大油头的男生，似乎发现这个主持人颇为眼熟，渐渐地靠到了主持人的右边。

而主持人的左边，本来就坐着一个戴眼镜的男生。他做常春藤盟校学生打扮，衬衫加扣子毛衣，始终闭着眼睛，品酒、听音乐，看起来很孤僻，似乎不怎么想跟别人说话。

“我觉得我看过你……”皮夹克男端详着主持人。

主持人虽然过气已久，但这种场面还是常发生的。他脸上露出一切都是过眼烟云的那种谜之微笑，举杯敬了敬皮夹克男。

“嘿，我知道你是谁了，我很久以前常常看你的节目。”

皮夹克男有点兴奋，音量渐渐变大。

“来来，我敬你，太难得了，在这边碰到你。你那个节目叫作……叫作……”

皮夹克男在跟主持人碰杯之后，还是怎么想也想不起来节目的名称，他露出上厕所上不出来的痛苦表情，拍了拍眼镜男，眼镜男感觉到有动静，困惑地睁开了眼睛，看看发生什么事。

皮夹克男对着眼镜男，指了指主持人的脸。

“你一定也认得他吧？他以前主持那个节目，叫作什么……什么……”

主持人露出无奈的表情，可是他似乎也很习惯这种尴尬，自己报出了节目的名称。

听到节目名称之后，眼镜男也恍然大悟，立刻也举杯。

“真的是你耶，现在还常常有人把你节目的片段转给我看，很强哦。”

眼镜男竟然还鼓励地拍拍主持人的肩膀，让主持人哭笑不得。

“我以前看他的节目，都边看边吃泡面。”皮夹克男对眼镜男说。

“我都是边看边吃整只的手扒鸡，戴着那种塑料做成的手套吃。”眼镜男说。

这两个男生就开始热络地聊起来了，过气主持人看看没自己的事了，悄悄从两人之间抽身而退，坐到了吧台的最边边去。

“我刚刚是不是又当了一次友谊的桥梁？”主持人问酒保。

酒保点点头，顺手倒了一小杯龙舌兰酒给他，聊表慰问之意。

友谊的桥梁

如果你想要认识陌生人，可以怀抱这样的小信念："我们之间一定有关联，只是你还没发现而已。"

听到对方是律师。"好巧，我从小就想念法律。"

听到对方念哪家学校。"好巧，我以前搭的巴士都会经过你们校门。"

看到对方在买狗罐头。"好巧，我有一阵子买不起人罐头，也都是吃这个牌子的狗罐头。"（好啦，这句是我乱讲的。）

节目、流行歌曲、电影，这些很容易变成大众共同记忆的东西，也都可以提供陌生人之间的联系点，也就是所谓友谊的桥梁。在酒吧里，皮夹克男用一个过去的节目当联系点，就联系上了本来连眼睛都懒得睁开的眼镜男。

如果觉得自己身上所具备的联系点太少，可以尽量参加人多的活动，比方说，与其玩一款冷门的游戏，不如玩一款最多人玩的游戏，这样遇到陌生人时，有比较多的机会可以用这个游戏当联系点。很多人之所以即使排一小时的队也要喝到某一家的饮料、看到某一部电影，都是为了增加联系点。这样，当别人在聊这件事的时候，自己才不会格格不入。下次再有人说你瞎凑热闹，你就翻到这页告诉他："你不懂啦。"

但是也不用什么热闹都要凑，其实只有在一开始想要认识陌生人的时候，联系点比较重要。一旦成为朋友了，就应该都能够接受你不喜欢凑热闹，甚至接受这就是你在这群朋友中的特质。

友谊这种东西，跨过了门槛，房间里就宽敞了。

抱怨朋友“现实”的人，往往最现实

能令你自在的，才算是朋友这一端；会令你焦虑的，那应该算是所谓的“人脉”那一端。

这种分类是当然的，友谊的存在本身就是情感的回报，不见得能派上什么实际的用场；而人脉的建立，本来就是为了派上各种用场。

没用的东西令人放松，因为得到也好，得不到也好，反正不能拿来换取成绩或业绩；而像人脉这种有用的东西则令人焦虑，担心张罗得不够齐全，要用的时候不够给力。

有些人在抱怨朋友太现实的时候，其实是因为他们自己先用了现实的标准去衡量友谊。自己手边缺钱，不得已开口向朋友借十万，借不到的话，就感叹人情凉薄，朋友现实。这类的抱怨虽是人之常情，但也不能忽略借钱的人才是罪魁祸首，开口借钱，就是自己先变现实了，是自己动手把原本无用的友谊，放到了现实的秤上面去称重量。

如果期望友谊派得上用场，那最好一开始就用建立人脉的标准去交朋友。

这谈不上对错，每个人的人生目标不同。比方刘备总共就结拜了关羽跟张飞两个人，结果关羽跟张飞替他出生入死，马革裹尸。你说刘备结拜这两个兄弟是在交朋友，还是在建人脉？在我们这些《三国演义》的读者看来，这样朋友混杂人脉似乎挺好的，但前提是一旦采用了这样的立场，就别再用不能容忍任何瑕疵的高标准去要求无杂质的友谊。

“迟到三次就绝交！”“女生就应该这么瘦！”“男生就应该要阳刚！”

交朋友既然是为了自在，那规定就不能太多。

有些人会宣布：“我这人最不能容忍迟到，如果你迟到了三次，我们就绝交。”这样做很合理，可是是否合情呢？友谊这种东西，追求的是理，还是情呢？当然是情吧。

在某些文化里，时间观念很淡，迟到没什么了不起。你要是生活在那个文化里，定出这样的规则，朋友们会非常诧异。

当我们自诩“很有原则”的时候，最好同时提醒自己：这些原则，只是我的原则，不见得是大家的原则。

你如果开公司当老板，你的原则就可以是大家的原则。迟到三次就开除，你说了算。但如果是交朋友，每个人各有差异，每个人都想在这份友谊里面感到自在。有一个人把他的原则悬在大家头上当规定，例如迟到三次就绝交，或者有她在就不可以吃肉（这一点，我觉得连公司老板都不方便这样规定，毕竟迟到会影响工作，吃肉不会），这些规定别人也许会配合，但不表示这符合友谊的本质。如果一群朋友，每个人都把他自己的原则拿出来，要求大家遵守，这群朋友只好每次相聚都活得像军队或教徒。

学校如果有人遭到同学的排挤，通常也是因为班上有人拿出了他的原则当作规定："女生就应该这么瘦"，于是不瘦的女生就遭到排挤；"男生就应该要阳刚"，于是不阳刚的男生就遭到排挤。

如果准时跟吃素这些事这么重要，那在一开始交朋友的时候，就应该以这个为标准，去找适合的人选，而不是倒过来，跟别人交了朋友以后，要求对方听话。

当我们把自己的原则，在朋友之中像大旗般挥舞时，我们最好能问问自己：就友谊而言，这是情商中的明白吗？这是情商中的恰如其分吗？

我们需要的，是值得交往的朋友，还是听话的朋友呢？

朋友的意义，在于陪我们度过寂寞

对所有的人际关系，我们最好都培养一个简单的态度：先把对方当一个人，有个性、有偏好、有缺陷的人。

我们如果忘了把对方当人，用故事书里的标准去要求各种人际关系——爸妈就要无私奉献，朋友就要两肋插刀，同事就要团结奋斗，那我们就是在人际关系里，一再自寻烦恼。

在各种人际关系当中，朋友是唯一能够帮助我们抵挡寂寞的，非常少人在感到寂寞时会找家人。刚好倒过来，节庆时家人聚会，常常使我们分外感觉到人群中的寂寞，寂寞时也不可能找不是朋友的同学或同事。一旦体会过朋友就是生活的重要支柱，就比较不会再拿现实的秤去称友谊，不会再拿严格的规定去要求朋友，他们只要能陪我们度过寂寞，就值得谢天谢地。

有一位美国记者柏丝契（Bertsche）小姐，为了配合丈夫工作，离开了原本所有朋友聚居的城市，搬到芝加哥。她在芝加哥完全没有朋友，于是她决定花一年进行五十五场面对面的“交友约会”，后来还把这个过程写成了一本书。她说，她开口邀约的人，大部分都很乐于跟她进行这场交友约会，最后她也真的从中得到了多位女性好友。

我们在人生的不同阶段，会感觉到不同的寂寞，就会需要不同的朋友。不见得永远都有那份机缘，能够悠哉悠哉地跟别人自然而然成为朋友。如果你常常感到寂寞，可以考虑改变你的交友方式及拓宽交友范围。

有选择的人一个人时，那叫“独处”；没有选择的人一个人时，

那就难免是不得已的“寂寞”了。我们要尽量成为有选择的人。

别让自己成为一个只拿不给的人

在讲那些方法之前，容我提醒一件非常基本，但也非常容易被忽略的事：请让对方感觉到你对他的关心。不管你把自己设定为什么风格的人，都要让对方收到你的关心。木讷的人，有木讷的表达方式；油滑的人，也有油滑的表达方式。只有在对方感受到你的关心时，友谊才可能延续。

我交过不少好看或有趣的朋友，可惜其中有几位永远只收取别人的关心，而从来未付出过关心，于是我跟这几位的友谊，就渐渐枯萎了。

不论是对家人或对伴侣，如果你希望他们同时也是你的朋友，那就请确定他们能感受到你的关心。**有关心，才会有关系。**

别让自己成为一个只拿不给的人。如果一直只拿不给，那你的人际关系很快就会只剩人际，而没有关系了。

本书有关交朋友的建议，是我尽量寻找到的一些简易可行的方法，使用起来就算不能百发百中，也不至于当场身败名裂、被捕入狱，愿诸君不妨一试。

03

活着没有范本，只有适合我们的剧本

从来不会跑出一只鹿，告诉所有的鹿一天要吃几片树叶，

几点钟吃什么树叶最合适，每片树叶要嚼几下……

但是我们人类会很高兴有专家来告诉我们，

每天几点吃什么，走几步，睡多久。

酒吧今天借给了一个剧组拍戏。

酒吧的常客、过气节目主持人，已经很长一段时间没机会参加娱乐圈的活动了，他特别跟酒吧的老板商量，希望能够到现场去，重新体会一下娱乐圈的气氛。

在下午到达酒吧的时候，酒吧已经被布置成了跟平常很不一样的一家餐厅，有四个演员围着一张餐桌坐着用餐。很明显，这四个人是在演一对父母带着还在念小学的儿女，他们正在拍手唱着生日快乐歌，为家里的小儿子庆生。

“好幸福哦。”主持人看着这个剧中的画面，轻轻地感叹。

“好迷信哦。”酒保竟然冷不防地泼冷水。

主持人立刻赏了酒保一个白眼。酒保赶快调了杯血腥玛丽，请主持人喝。

“什么叫作好迷信啊？”主持人不服气地问。

“我看到他们拍这个画面，就不想看这部戏了。一想到幸福家庭，就马上想到这种课本里的画面，一个爸配一个妈配一个儿子配一个女儿，觉得这样就是完美的家庭，然后就会有你这样盲目的信徒，在旁边只瞄了一眼就拍手说‘好幸福哦’，这不就是迷信吗？”

从来不会有企鹅界的权威，规劝每只企鹅一天走几步、游泳几分钟

所有事物的范本，都是拿来参考用的，不是要我们真的分毫不差地活成那个样子。

拿葡萄酒当例子，不同的年份会有不同的气候，形成那一年葡萄味道的特色。再遇上不一样的酿酒师，装在不一样的木桶里，各自被运送了长短不同的距离，成为各式各样的葡萄酒。

如果世界上真的出现了标准葡萄酒的范本，每一瓶葡萄酒喝起来都跟范本的味道一模一样，那么葡萄酒就会跌落到罐装啤酒、罐装可乐的价格，因为它已经不再各有特色、耐人寻味。

对于自己的学业、工作、个性或者达到的成就，只要迷信了范本，误把范本当成了目标，想要活成那个样子才放心，那就注定了一辈子都会对自己很不满。

世界上没有人能够真的活成范本。

再杰出的发明家，也可能掠夺过别人的研究成果；再怎么牺牲奉献的慈善家，也可能觉得自己一辈子冷落了家人；再怎么有母爱

的妈妈，也有失去耐心的时候；再怎么神通广大的蝙蝠侠，也会出现很低级的故障。

即使是指南针，也只能够告诉我们大概的方向；即使你手上戴了号称全世界最精准的手表，比起你心中感觉到的时间的快或慢，那个表的分针与秒针，也只能当成参考。

人类很喜欢有人告诉我们范本长成什么样子，因为我们知道生活的资源有限，就会希望找到最有效率的方式来使用这些有限的资源，才能“花得最少，活得最好”。

从来不会跑出一只鹿，说自己是专家，告诉所有的鹿一天要吃几片树叶，几点钟吃什么树叶最合适，每片树叶要嚼几下，才是最健康的吃树叶的方法，才能够活最久。也没有企鹅界的权威，规劝每只企鹅一天要走几步、游泳几分钟。但是我们人类会很高兴有专家来告诉我们，每天几点吃什么，走几步，睡多久。虽然百分之九十九的时候我们都做不到，可是我们喜欢有人告诉我们范本，这样我们才有仿效的目标，久而久之，我们也就相信范本真的存在，相信有人真的能够活成范本的模样。

根本没有商量过输赢标准，我们就煞有介事地接受了人生竟然可以被分为赢家和输家

女生小时候听了一大堆公主的童话之后，就决定自己也是公主，相信世界上会有一个王子，不知打哪儿冒出来，为她把怪物给杀了，然后骑着白马来娶她。

跟你打赌，这些女生从来不知道白雪公主是什么个性，人鱼公

主是什么个性，豌豆公主又是什么个性。这些女生根本不在乎这些公主是什么个性，也不在乎自己是什么个性，就理直气壮地决定了自己就是公主。

自以为是公主的女生，当然会一路受到真实世界的教训，渐渐明白了童话里捏造的“公主跟王子，从此过着永远幸福的生活”，在技术上根本做不到，在逻辑上根本不成立。

相信了范本的存在，之后就是面对一连串的失落。失落倒是没关系，失落就是学习的时刻，只是不少人要花很长的时间，才能说服自己根本不需要活成范本的样子。

学校把一百分树立为范本，我们从小到大做的每一张考卷，都是以我们考到的分数跟一百分之间的距离，决定我们是被认可还是被贬低。

这样长大的我们自然就此以为，世界上真的有一百分的生活、一百分的工作、一百分的婚姻、一百分的家庭，以及一百分的人际关系。

甚至根本没有人来跟我们商量，如何判断是赢还是输，我们就煞有介事地接受了人生竟然可以被分成赢家跟输家、胜利组跟失败组。

为什么新几内亚的加胡库 – 加玛（Gahuku–Gama）族每次踢足球都会和对手踢成平局?

哲学家李维史陀的书里，讲到新几内亚的加胡库 – 加玛（Gahuku–Gama）族，被欧洲人教会踢足球之后，却把踢足球的规则改为每一局都必须双方踢成平手，那局才能结束。如果一直踢不成平手，连续踢个几天也没关系（喜欢对球赛比分下赌注的人不必太失望，你还是可以赌每一局到底要踢几天啊）。

李维史陀称这种“不想分胜负”的思维，是“未遭到感染、未遭到驯化”的思维。李维史陀提醒了我们：运动一定要分胜负，只是各种思维中的一种而已，不是所有人都喜欢分胜负的。

我们已经沦落到跑个步、种个花、做个蛋糕都要评分。只要能分胜负的，都要分个胜负，现在连人生都忍不住要分个胜负。为了这虚妄的胜负，我们的心力会被支配到违背我们感受的方向。如果已经感到辛苦委屈，当然应该摆脱这种处处都要拼胜负的思维啊。

活着没有标准范本，只有适合我们的剧本。

常常提醒我们自己这件事，**摆脱对范本的迷信与偏执，才有可能由我们自己做主来安排我们的人际关系，而不是倒过来，为我们的人际关系所摆布。**

你的人生不是一拉就开的易拉罐，你不是罐头。

04

动用内心的魔法，挣脱人生的困局

从小到大，我们不知道有多少次幻想过：

我们要是生在别人的家里会怎么样？

别人的爸妈如果是我们的爸妈，又是什么样的感觉？

“我一定是别人家的小孩，在医院被抱错了。”

一个安静的黄昏，酒吧里只有一个客人，当然就是那个没有任何节目邀请的过气主持人。

“如果养个孩子，应该日子就不会这么闲了吧。”过气主持人悠哉悠哉地把脚挂在桌面上，悠哉悠哉地自说自话，悠哉悠哉地喝了口高杯酒。

一个穿校服的少年走进来，少年静静地走到主持人的身后，轻轻地喊了声：“爸爸。”

过气主持人吓得两脚一蹬，椅子立刻往后翻倒，摔了个四脚朝天。

少年得意地哈哈大笑，走到吧台边坐下。

好看的酒保叹了口气，倒了一杯牛奶给少年。

“你妈妈不是跟你说过，不可以到这边来找我吗？”酒保对少年说。

“当然有啊，我妈妈说这边是罪恶的地狱。”少年耸耸肩，上唇留下半圈白牛奶印，“反正对我妈来说，别人都是罪人，哪里都是地狱。”

过气主持人慢吞吞地从地上爬起来。

“不要满街叫人家爸爸，你总有一天会把人家吓死的。”

“你真的不要养我吗？我爸我妈一点都不了解我。我一定是别人家的小孩，在医院被抱错了。”少年以喝酒的气势，把杯中牛奶一饮而尽。

“那你打算怎么办？去比尔·盖茨他们家，通知他们当初抱错了小孩吗？”过气主持人说。

幸好比尔·盖茨家或英国王室的白金汉宫，都还没有提供这种“觉得自己在医院被抱错”的服务，怀抱这种冤屈的人，也就只好到各地的酒吧去喝上两杯，瞎抱怨两句。

在酒吧听到别人讲这种话，心中难免偷笑，可是我们谁也不必否认，从小到大，我们不知道有多少次幻想过：我们要是生在别人的家里会怎么样？别人的爸妈如果是我们的爸妈，又是什么样的感觉？

当我们这样想的时候，通常心里会冷笑一声，笑自己痴人说梦。

可是实际上，这种幻想的能力，有时可以帮助我们稳定自己跟父母之间的关系。

你不是要别人懂，你是要别人宠

爸妈不了解我们，是很普通的事。我们做孩子的，通常也一点都不了解我们的爸妈。

家人之间，本来就没有一定会互相了解的道理。

我们这一辈子能够跟爸妈相处的时间，通常远远比不上我们跟同学、同事相处的时间。很妙的是，我们反而不会要求同学、同事要多么地了解我们，却理所当然地认为父母应该要了解我们。

父母不了解我们，有各式各样的原因：知识不同、观念不同、时代气氛的改变、生活方式的改变……这些都有可能使爸妈跟孩子互相不了解。

范围放大一点来说：

人跟人之间本来就很难互相了解。

历史上各种大大小小的纷争，有多半是因为各个人类族群不但互相之间不了解，也没兴趣互相了解。

而且大部分人内心矛盾，杂念丛生，稍微往里面挖一下，就发现连自己都不了解自己。

自己都不了解自己，却要求别人了解自己，要求爸妈了解自己，只能说是任性，这么任性而不讲道理，烦恼也是应该的。

人要的其实不是了解，而是了解之后的顺从。如果有人非常了解你，却因为了解你，而把你治得死死的。你讨厌吃什么，他就喂你吃什么；你哪里痛他就往哪里踩，处处跟你作对，每件事都违背你的意思。这种了解，只会令你感到恐怖，躲再远都不够。

你不是要别人懂，你是要别人宠。如果懂你，却不宠你，那个懂，对你来说也没意思。

所以倒也不必把自己想象成一个不被了解就会枯萎的人，我们都没自己以为的那么心灵至上。

如果同意了这个推论，那么家人之间，其实有爱也就够了，至于互相的了解，达到多少算多少吧。

真实父母，不再是你索取亲情的唯一来源

但我们其实也常常听到孩子抱怨，爸妈根本不爱自己。

爸妈除了是爸妈，当然也是人类。可以想象，什么样的爸妈都有。

爸爸妈妈对孩子是否有爱，或者，是否能让孩子感觉到爱，这些都决定于爸爸妈妈打算过什么样的人生，而不是由孩子来决定。

孩子唯一能够决定的，是自己心里要怎么看待这件事。

如果你真的受不了完全不懂自己的爸妈，或无论如何就是对家

人没有什么爱，有一个听起来很阿 Q 的做法，可是很有用。

你可以试试在自己心里，幻想出一对理想的父母。

你可以把你对父母的所有抱怨、所有愤怒，都向这对幻想的父母尽情倾诉。然后，因为这对父母是你所幻想出来的理想父母，他们会依照你所希望的方式，来回应你的抱怨与愤怒。

这样做的好处，是能够降低对于原本父母的失望之情。因为就算苦等一辈子，也可能没有办法从真正的父母那边得到鼓励或者肯定，而这一切能从幻想出来的理想父母那边得到。

你也许会担心，这样做是不是太可怜或太疯癫？其实每个人的内心小剧场每天上演多少戏码，你又不是不知道，幻想出一些家人，既不伤害谁，也不耗费成本。**内心本来就是我们应对外在世界的最重要的宝库，要训练自己善用这个宝库，发挥各种力量啊。某种程度上，这个做法是一种祈祷，等于在向不存在的神明倾诉你的需求，借由想象出来的神明的力量，支持我们渡过难关。**

当我们跟好朋友谈到我们跟幻想出来的父母相处的情形，好朋友也许会担心我们疯了或嘲笑我们痴人说梦，可是同时我们也就得以跟好朋友倾诉出对于真实父母的失望。本来朋友可能早已听腻了你对父母的抱怨，而且这类事情朋友确实帮不上什么忙，可是一旦有了幻想出来的理想父母，原本无解的亲子关系，会出现一个开朗光明的版本。原本令你失望透顶的真实父母，不再是你索取亲情的唯一来源。

你像小时候扮家家酒那样，为自己塑造出一对懂你又宠你的父母。

想象力省着不用，也不能拿去换鸡蛋哪

情商本来就是内心的魔法。动用所有的魔法，挣脱人生的困局。想象力这个东西，是生而为人的独特配备。人类比动物多了这么多各式各样的追求，又要尊严，又要幸福，又要美感，又要正义，当然必须动用动物所没有的能力，比方说想象力，来满足我们人类特有的需求。

我们内心具备的这些神奇力量，如同游戏中的各种强效法力，你就算省着不用，最后也不能换成钱哪。

当然，想象出来的理想父母，是不会给你红包，也不会给你遗产的，但其实这些无关心灵的东西，很多父母本来也给不了。这方面就还是要靠自己。**一个人越懂得动用想象力来解决心灵的困扰，他在物质方面自立自强的能力就一定会越高。**

05

如果被勒索，别马上投降，要讨价还价

骗子在电话那头问我说，你真的有两千万？

我回答说没有，骗子听起来很不高兴，说你这不是骗人吗？

我就回答说，你们不也是骗人吗？

平常我们讲人际关系的时候，不太会把跟父母的关系也放进去想。因为我们的教育常常把父母放在很高的位置。尤其陶醉于古装宫廷连续剧的人，习惯幻想宫中生活，动不动就以“父王”“母后”来称呼爸妈，虽然是开玩笑，但绝对反映了心底是怎么看待爸妈的。

如果在宫中，有人胆敢把自己与“父王母后”之间的关系，想成某一种人际关系，这人的下场会如何？

大家的第一个反应可能是“这人死定了”。但是诸君细想一下，不必追究正史，光是看看粗糙的宫廷剧的剧情，就会发现：

在宫中要得开的，全都是某种程度上能把王或后当成一个有七情六欲的人来看待的，而不是用君臣紧箍咒把自己以及王与后都箍得死死的那些死硬派。

王与后，也很需要被当人看

与王或后的关系、与父母的关系，当然都是人际关系。跟这些人的关系，没办法排除在人际关系之外。

如果不能练习用对待“人”的方法，去对待我们尊敬的人、我们深爱的人，我们一定会手足无措、进退失据，而且遗憾的是，对方也不会因此领你的情，反而只会觉得跟你相处起来，怎么这么僵硬、这么紧绷，搞得双方都累。

很多把偶像当作神的粉丝，头三次有机会近身接触偶像肯定要发抖、要尖叫、要晕眩的。可是三次之后，如果很幸运地成了这位偶像的工作人员，甚至是朋友，那一定就渐渐地不再发抖、尖叫、晕眩，渐渐能把对方当成人来相处了。

“父王母后”的称谓，见偶像的发抖晕眩，都是会经历的阶段，但是一旦对人际关系有了一定的了解，就有能力处理我们与不同的对象的关系。我们对恩义、礼貌、温柔体贴或不卑不亢，都会重新有真实的体会，这些不再是一些空泛无感的字眼。

如果不太适应，我们就一起在看这本书的过程中，练习把父母也纳入我们的人际关系的地图吧。

所谓人际关系，明明白白就是字面的意思，把自己当人，把对方当人，来建立彼此的关系。

很多女生交男友时，一发现对方是什么事都想到妈妈的“妈

宝”，就会觉得倒胃口。我们识别一个人有没有成长为一个有肩膀的成年人，最容易用的标准就是这人能不能自己研判情况、做出决定，而不是“等我回去问问我妈的意见”。

就算忍不住会把爸妈想成父王母后，你也还是会在成长中渐渐拿捏到：王与后，也需要被当人看。他们也会懒得事事替你做决定，他们也必有糊涂鬼混的时刻。一旦体会到这件事，就能体会到自己成长了。

如果被勒索，别马上投降，要讨价还价

再次来到了这个几乎没人会跟爸妈来的地方：酒吧。如同平日，酒吧并没有很多客人。

坐在吧台最右边的老客人，还是那位过气的节目主持人，这家伙写过不少书，总是以为到酒吧里面来借酒浇愁的客人，会想要问他问题。可惜的是，当别人真的提出问题的时候，他往往说不出什么了不起的答案。

比方说今天又发生了这样的事。

晚上十一点，一个疲倦的、穿着套装的女生走进来，她把皮包往吧台上一放，叹了一口气说：

“我爸妈能不能够这辈子就饶我一次，我才不要回老家去工作，那个鬼地方什么都没有。”

酒吧老板没有接话，只是淡淡地问了一句：

“喝什么？”

“任何可以让我在十分钟内昏倒的东西。”

老板理解地点点头，倒了一杯正宗纯净的伏特加给她。

“到底该怎么办呀？”套装女生用力抓了抓头发，大吼一声。

听到这声大吼，过气主持人精神果然为之一振，他张开嘴，似乎要说出什么有智慧的答案来，可是仿佛是在张嘴的那一瞬间，有天使飞过来，把一颗馒头塞进了他的嘴巴，他什么话都没说出来。

他不甘心地挣扎了三秒钟，就放弃了，绝望地把面前的酒一饮而尽。

本来还挺期待的套装女生，失望地转回头来，对着自己的那杯伏特加发呆。

这时候酒吧老板说话了。

“前几个月，接到一通诈骗电话，说是绑架了我儿子。叫我给一亿就放人。”老板说。

“你有儿子？”套装女生问。

“并没有。”

“那你还不挂电话？”

“对方跟我要一亿，我有点感动，这辈子从来没有人这么看得起我过。”酒吧老板说，“所以我开始跟对方讨价还价。我说一亿真的拿不出来，可不可以少一点，两千万如何？”

“骗子答应了吗？”

“骗子在电话那头问我说，你真的有两千万？我回答说没有，骗子听起来很不高兴，说你这不是骗人吗？我就回答说，你们不也是骗人吗？”

“你这个故事，跟这位小姐的问题有什么关系？”过气节目主持人翻了个白眼问。

酒吧老板看着套装女生，说：

“如果被勒索，别马上投降，要讨价还价。”

什么人都可以勒索我们，只要我们觉得对于对方有所亏欠，我们就会被对方勒索

我们会被什么样的人勒索？

什么人都可以勒索我们，只要我们觉得对于对方有所亏欠，我们就会被对方勒索。

不少儿女都觉得亏欠父母，一想到自己多么亏欠父母，我们就忍不住内疚自责，我们没办法像看待一般的人际关系那样，去评估我们与父母互相需要的程度。同时我们也很容易忽略，在他们心目中，儿女占据了什么样的地位。

在对方心中越有分量，谈判起来就越有筹码。想跟父母谈判，听起来简直大逆不道，但**只要你感觉到自己在情感上被勒索，那么谈判的时刻也就来了**。实际的感受必须面对，一味躲在孝顺的绒布幔后面，只会搞到双方越来越窒息啊。用很现实的话来说，如果父母不自觉地在感情上勒索我们，我们并不是完全没有筹码可以谈判。这样讲听起来当然很伤感情，可是只要把事情尽可能地想象成谈判，本来被各种无奈的情绪搞得一团乱的脑子，就有可能变得冷静理性。

父母毕竟比孩子年纪大、经验多，很知道人与人之间一旦有了互相的要求，其实比的就是谁的手上筹码多。就算是对自己的孩子，

父母也知道，光是身为父母亲这一点，就已经是绝对压倒的优势了。

也许你会觉得，父母跟孩子之间应该要沟通，而不是谈判。这听起来很理想，只是这种理想状况能够发生的前提是：父母也愿意跟你沟通，而不只是单方面对你做出要求。

请不必因为看多了警匪片，一听到谈判二字，就觉得对面坐的是罪犯或者敌人。有工作经验的人会比较平常地看待谈判。跟小孩约定今天进玩具店只能看不能买，小孩则希望晚上可以吃汉堡，这就是谈判。请把谈判看成讲求步骤也讲求效率的沟通吧。

谈判的基本原则

想要跟任何人谈判，最重要的一件事，就是能够分辨自己心中各种愿望的轻重缓急。

如果分不出轻重缓急，那我们这辈子要不就是被别人累死，要不就是被自己累死。

会单方面对孩子做出要求的父母，一定不可能只做一项要求。

先是要求你考试要考几分，接着就要求你一定要考上什么学校，然后要求你做什么样的工作、领什么样的薪水、交往什么样的伴侣。

父母的要求越多，孩子越有谈判的空间。对于父母提出的各种要求，孩子可以依据能够接受的程度，排列出轻重缓急。

争取达成自己最优先的目标，而在次要的目标上让步，这是面对所有谈判最根本的原则。

不只是面对父母，也可能是面对强势的伴侣、得寸进尺的同事，或习惯装可怜的朋友，都建议蹲好这个马步，守住这个谈判的原则。感觉被勒索了，别马上投降，要讨价还价。

06

你的人生
为什么要拿来
让大家都欢喜？

蔡康永的情商课 2

因为这是你的人生

爸妈要你嫁给英国青蛙，

可是你偏偏想要嫁给日本柴犬，

这时候就一定不能皆大欢喜了吗？

酒吧刚开门，长得好看的酒保拖着地，准备迎接又一轮“除了来喝酒，没有更好的事可以做”的客人。

马上就有一个这样的客人走进来了，是看不出来年轻还是不年轻的女生，脸油油的，扎了一个马尾辫，穿着塑料拖鞋，手上拎着一个装满的垃圾袋，看起来是打算要走去哪里丢垃圾，走着走着就走进酒吧来了的样子。

酒保停住了手上的拖把，礼貌地问：

“请问是要收垃圾吗？”

马尾辫女生愣了一下，看了看手上的垃圾袋，苦笑着说：

“是啦是啦我知道，现在是有点早，但管他的，给我来一大杯比利时修道院啤酒吧。”

酒保放下拖把，走向吧台，一边走一边调暗灯光，放出音乐。

“我是不是你见过的最邋遢的客人？”马尾辫女生问。

“也是有见过更糟的。”酒保回答。

女生叹了口气，坐下来，弯腰驼背的。

“我 ×× 实在活得太累了。”女生说，“我决定这个月都不要化妆，也不要倒垃圾，也不要洗头，大家一起臭死算了。”

“有人逼你洗头化妆倒垃圾哦？”

“我妈啊。”

“你妈她自己每天都洗头化妆倒垃圾哦？”

“是啊，她老觉得我站她旁边像丫鬟，好像在跟人家说我们家没钱似的。”

酒保困惑地摇摇头，把一大杯啤酒递给女生。

“没关系吧，你妈是你妈，你是你啊。”

女生大力拿起杯子，狂灌一大口啤酒。

“可惜我妈不这样想，她觉得我把她的脸都丢光了。她说这样别人会说她只顾自己打扮，不是完美的妈妈。”

谁要欢喜，就要自己想办法

有些爸妈天经地义地把小孩当成自己生命的延长。自己只能活八十年吗？没关系，只要有小孩，小孩可以替自己再活个八十年，小孩的小孩可以替自己再活个八十年。这样一直搞下去，自己也就等于长生不死了。

如果心里有这种想法，而且把这种想法当成理所当然，这样的爸妈就一定会义无反顾地希望孩子活成一个年轻版的自己，最好还把自己没做到的事都一并完成，替自己完成人生的愿望。

如果爸妈的愿望刚好就是你的愿望，那真的很恭喜你们全家。

如果他们有五亿财产要你继承，你也乐意继承，皆大欢喜；他们有五亿债务要你继承，你也乐意继承，皆大欢喜；他们要你嫁给英国王子，你也乐意嫁，皆大欢喜；他们要你嫁给英国青蛙，你也乐意嫁，皆大欢喜。

但当然也有可能，爸妈的愿望跟你的愿望不一样。他们要你嫁给英国青蛙，可是你偏偏想要嫁给澳洲袋鼠，这时候就一定不能皆大欢喜了吗？

重要的事情是，根本不用追求皆大欢喜。

什么皆大欢喜、万事如意，这些吉祥话都是和稀泥的鬼扯。你欢喜，就一定有人不欢喜；你如意，就一定有人不如意。来自漫画《猫之寺的知恩姐》的名句："就算是再好的人，只要有在认真努力，那么在某个人的故事里，这个好人势必还是会成为那个故事里的坏人。"

这些吉祥话，年节时随口说说就好，不能当成追求的目标。

人生是让你拿来活的，不是让你拿来逗大家开心的，你的人生为什么要拿来让大家都觉得欢喜？

他们要欢喜，就要自己想办法。别人肚子痛的时候，你没办法替他痛；别人恋爱到死去活来的时候，你也没办法替他死去活来。爸妈当然不是普通的别人，爸妈是唯一的，但是爸妈依然是别人，就算是唯一的别人，还是别人。

你要“听话”到几岁呢？

如果你曾经花大钱买下一个名牌包，麻烦你现在把那个包拿出来放在面前，盯着它看五秒，告诉我：你爱这个包的哪一点？它具备了什么特质，使得你想要把它拎在手上成为你的一部分？

回答完之后，请你分辨一下，是你自己真心想要这个包，还是这个“社会”联手用各种方法“怂恿”你觉得你要这个包？你拎它出门，是为了向“社会”证明你确实拥有这个包了，还是你真的感觉到它带给你什么喜悦？

我知道“社会”的期望早就跟我们自己的期望混在一起了，难以区分，但请不要全面投降，必要时，区分一下，很重要。

把别人对我们的期望，跟自己的愿望划分开来，这是对自己的人生负责的第一步。

我们大部分的人，从小活在爸妈对我们的期望之下。有些爸妈会非常地节制，尽量不把自己的期望透露给小孩知道，可是大部分的爸妈会忍不住，多多少少泄露出对孩子的期望。有更多的爸妈会理直气壮地一路要求小孩的考试成绩、交往伴侣、工作成就、花钱方法，以及孝顺的方式。

孝顺这两个字，从字面上看，是要孩子心态上有孝心，行为上要顺从。

孩子一不顺从，一有了自己的想法，爸妈就宣布孩子进入了叛逆期。孩子叛了谁，逆了谁？其实只是违逆了爸妈的指令。用白话文说，就叫作不听话。

少年时期，开始觉醒，有了自己的想法，当然就会不听话了。如果要一路继续听话下去，要听话到几岁呢？就算愿意一路照着父母的意思而活，等自己活到四五十岁，父母不在了，剩下的人生，要听谁的话？要照谁的意思活呢？

根本没有人在乎圣诞老公公！

我们小时候都喜欢圣诞老公公，因为圣诞老公公会满足我们的愿望，或者起码假装答应会满足我们的愿望。

但是，即使我们这么喜欢圣诞老公公，也没有一个人想要自己变成圣诞老公公。在各式各样的神仙里，也许有人想当玉皇大帝，有人想当孙悟空，甚至有人想当猪八戒，可是没什么人想当圣诞老公公。因为每年要按时满足所有人的愿望，挂个袜子就想跟你要东西，却根本没有人在乎圣诞老公公想要什么，如果他在遥远的雪国忙到中风了，会有半个小孩知道并且千里迢迢赶去救他吗？这种整天被别人的愿望勒住脖子、力求皆大欢喜的工作，有什么好向往的？

一生很短，能完成的事情很有限。爸妈对你的期望，跟你自己的愿望，不可能统统都完成，必须要按轻重缓急来分配自己的心力。

不妨拿出手机或一张纸，把生命中想要完成的事情一条一条地列下来，然后在每一条的底下简单地分个类，看看列出来的这条愿望到底是“社会”暗暗加在我们身上的期望，是爸妈对我们的期望，还是我们自己的愿望。

在一些无关痛痒的小事情上，可以满足父母的期望。比方说，在学校念什么科系，在当下感觉起来，也许是一件大事，但已离开学校的人都知道，在学校念什么科系，实在跟后来所做的事情没有太大的关联。如果能够这样想，那么在学校选择什么科系，就可以被当成无关痛痒的小事。可是离开学校之后，在什么城市生活，做什么方向的工作，相对来说就是关痛痒的大事了。

在小事上满足父母的期望，是为了储备谈判的筹码，希望父母在大事上能尊重我们自己的意愿。

如果真的是为了满足父母的期望所做的决定，就要让父母知道你的这份心意。可以很认真地让父母知道，也可以很幽默地让父母知道，但就是要让父母知道，自己做这件事情是为了满足他们的期望。

就像你要从你有限的财产当中凑出一万元来借给好朋友，就要明确地让好朋友知道，这一万元得来不易，要不然好朋友只会觉得没什么大不了的，在这一万元之后，继续再跟你借两万元、三万元，以为对你来说都不算什么负担。

不要让爸妈含冤莫白

很多人都希望，一辈子不需要跟爸妈把话说得太清楚，什么事情都混过去就好。

混是一定可以混的，可是好不好就很难说了。把爸妈的期望跟自己的愿望乱七八糟地混在一起，最后会遭遇到的结果，就是即使把事情完成了，也感受不到一丝喜悦。然后才领悟，这是因为自己费尽心力所完成的事情，不是自己的愿望，而是爸妈加在自己身上的期望。

其实这不是什么大工程，也绝对没有严重到需要动用叛逆这种字眼，就只是不要打混，把父母的期望跟自己的愿望区分开来。然后衡量一下自己有限的心力，不要老是牺牲自己的愿望，你郁闷了，父母也高兴不起来的。

至于爸妈的期望呢，只要让爸妈能够感受到自己一直有把他们放在心上，也有努力地做了一些事情来让爸妈满意，一般来说，爸妈都会欣然接受的。

爸妈就是比孩子更先体验生活的人，生活有多困难，爸妈比孩子先知道，只要不是无理取闹的爸妈，都能体谅孩子没有办法完成所有期望，不至于因此影响到双方的感情。

反而是，如果孩子辛苦了一辈子却不快乐，最后一股脑把人生方向的耽误都怪在爸妈的头上，这种处境的爸妈，才会觉得含冤莫白吧。

千万不要这样整自己，又整自己的爸妈。早点把愿望分清楚，对大家都公平。

07

别装无辜！你不是“情感勒索”的受害者！

小孩子在学校里打架，

对于酋长式的家长来说，

这就是部落的血脉遭到了威胁。

今天酒吧客人少到可怜的地步，酒吧老板应该认真考虑有没有增加收入的方法了。

坐在吧台最右边的老客人，还是那位过气的节目主持人。这家伙写过不少书，总是以为到酒吧里来借酒浇愁的客人会想要问他问题。可惜的是，当别人真的提出问题的时候，他往往说不出什么了不起的答案。幸好，他对酒吧的稳定收入还是颇有贡献。

已经过了半夜十二点，一个短发女生走进来，她坐下之后，看了一眼过气主持人，主持人今晚竟然没有在喝酒，却在喝一碗汤。

“那是什么汤？鸡汤吗？”短发女生问。

“清炖的牛肉汤，他们特别帮我煮的。”主持人回答。

“那我也来一碗吧。”短发女生说。

长得好看的年轻酒保默默地摇了摇头。

“那个汤不是卖的，是特别煮给那位客人喝的。他是我们的摇钱树。”酒保说。

“怪了，他可以喝，为什么我不能喝？给你两倍的钱总可以了吧，少在那边阴阳怪气的。”短发女生说。

酒保耸耸肩膀，转过身去舀了一碗汤给短发女生。

短发女生举起碗来，咕噜咕噜地把汤灌下了喉咙，灌完之后擦了擦嘴，叹了一口气。

“哎，痛快，好久没这么痛快了。”

“遇到什么烦心的事啦？”过气主持人问。

“这次回去，要是他们再逼我结婚，我这辈子就再也不回去看他们了。”短发女生说。

过气主持人微微张开嘴，仿佛要说出什么道理来，谁也没料到，他冒出来的是这么一句话。

“唉，那就多喝几口热汤吧。”

“不，不喝汤了。我要喝酒，越烈的酒越好。”

酒保倒了一杯很烈的威士忌放在短发女生的面前。

“喝慢点。”酒保说。

“你管我。”那女生说，然后举起杯子，猛地喝了一大口。

“他们自己的婚姻那么不幸福，为什么还要逼着我结婚？难道他们这辈子把自己关进了爱情的坟墓，就非要把我也拉进去陪葬吗？”

“唉，很多爸爸妈妈就是这样，情感勒索自己的小孩。”过气主持人总算插上了一句话。

没有料到，酒保却看了主持人一眼。主持人平白被看了这么一眼，有点不服气。

“怎么？难道我说错了吗？”主持人说。

酒保没说话，短发女生把话接过去了。

“你说的没错，就是情感勒索。”短发女生说，又喝了一大口酒。

“你应该从小就是家里的小霸王吧？”酒保忽然这样问。

“咦，你怎么知道？”短发女生说。

酒保又耸耸肩膀。

“硬是要喝别人的汤啊，付两倍的钱啊什么的。”酒保说。

“哼，这样你就觉得霸道了，我真的霸道起来，连你也放到汤锅里炖了。”

“你很适合学《水浒传》里面的人说话啊，可不适合文绉绉地说什么情感勒索。”酒保说，“你这么霸道，哪会可怜兮兮地被勒索啊，**你遇到的不是情感勒索，是部落法则。”**

部落法则

很多人理所当然地以为，部落早就消失了，现在没有部落了，人类生活的单位是家庭。

真的是这样吗？

有不少家长是像酋长一般领导着自己的家庭。如果不是把家庭当成了部落，怎么会把家长做成了酋长？

家里所生出来的小孩的任务，就是替部落延续血脉。如果有外人对家里的小孩有任何的打击，酋长当然就会率领着部落的所有成员，齐心协力地抵抗外侮。

如果把不同家庭之间的冲突，都当成部落与部落之间的冲突来看待，当然就不必多讲什么青红皂白、是非对错。对不同的部落来说，谁抢得到肉，谁就活得久一点。就算这块肉是你用弓箭射下来的，只要落到了我手里，当然就归我所有。

如果小孩子在学校里打架，对于酋长式的家长来说，这就是部落的血脉遭到了威胁。扫除这样子的威胁，是最优先的目标，至于谁对谁错，当然就没那么重要。

所以我们当中会有一些人，从小就肆无忌惮，他们被家人当成世界的中心，所有的家人都要绕着他打转，满足他的要求。这样的小孩在部落的保护之下长大，一切以自我为中心，直到有一天，他们终于不想再服从酋长的指令，喊出了“遭遇到情感勒索”这种话，觉得自己是无辜的受害者。

这样蛮横长大的小孩无辜吗？他们在没有机会接触部落以外的人时，确实很无辜。他们一定以为，其他小孩也都是这么理所当然地被保护、被伺候，在溺爱中长大。

可是一旦脱离了部落生活的范围，进了学校或公司，就有机会学习到：

人与人之间的关系，不再是某个部落的成员与另一个部落的成员之间的关系。这个世界已经不是由部落组成的，没有任何家庭可以像原始部落那样，把自身的利益放在最前面，而不顾其他人的死活。如果有一个人说他在求学阶段、工作阶段，都完全没有意识到部落法则早已经被法律或经济规则取代，被契约精神取代，那他的问题可大了。

部落法则的受惠者？情感勒索的受害者？

你可能听过一个古老的故事：有一个男生从小被母亲无比溺爱着长大，不管做错了什么事，母亲都称赞他，都说他这样做没错。

渐渐地，这个男生长成了一个蛮横的男人，无恶不作。有一天，他终于犯下了极大的罪行，遭到逮捕。法官判他死刑，在执行死刑的前一刻，这个男人要求见妈妈一面。见到妈妈的时候，他要求让他可以像小时候那样，窝在妈妈的怀中吸奶撒娇，溺爱他的妈妈当然一边哭着一边答应了。

可是，当男人真的依偎到妈妈的怀中时，他狠狠地从妈妈的胸口咬下了一块肉，咬得血肉模糊。

男人恨恨地说："我恨你从来都不教导我，害我变成了今天这个样子。"

很多人初次听到这个故事时，大概都会感觉到困惑。这个妈妈的溺爱当然是错的，但是，这个儿子对妈妈的指控，难道就是对的吗？这个儿子脱离了妈妈的怀抱以后，完全没有在学校或者是工作环境当中，学习到妈妈的教导以外的其他法则吗？可以把自己的责任推得这么干净，全部都怪到妈妈的头上吗？他自己选择了以部落法则在社会上横行霸道，结果遭遇到了法律，竟回过头来责备妈妈用部落法则蒙蔽了他。

当我们要控诉被爸爸妈妈或其他人情感勒索的时候，一定是因为我们感觉到自己很无辜。

如果从小就理所当然地接受爸爸妈妈以部落酋长的态度袒护我

们，被无条件地满足所有需求，于是在一路长大的过程当中，都这样唯我独尊，那我们根本就是部落法则的受惠者。当爸爸妈妈要求我们结婚的时候，也就是酋长理所当然地要求新一代为部落持续增加生产力。在酋长的字典里，当然没有情感勒索这样子的字眼，一切以部落的利益为最高利益。

如果不希望有一天遭遇酋长下达指令，那就必须把文明世界的消息传递回部落，让爸爸妈妈逐年摆脱酋长的心态。所有有机会离开部落走向外界的人，都必须经历这样的来回沟通，重新打造自己与部落之间的关系。

在被溺爱的时候，享受到的所有特权，都会一点一滴地转化为长大之后的责任。最好能够避免过于理所当然地使用“情感勒索”的说法，因为一旦动用这样的字眼，我们很容易就把自己当成一个完全无辜的、无力可施，也无责任可担的受害者。那太偷懒了。

偷懒是很方便，可惜偷懒解决不了问题。

08

如何吸引有趣的陌生人，让他变成你的朋友？

让有趣的人感觉，只有跟你在一起，

一切才会这么有趣。

酒吧老板为了增加一些租金的收入，在卖早餐的时段，把酒吧的空间租给了很会做蛋饼的小哥。

蛋饼小哥的诀窍是，把甜的跟辣的混在一起：白糖蛋饼混上辣豆腐乳，辣泡菜蛋饼抹上花生酱之类的。好不好吃很难讲，倒是可以提神。

蛋饼小哥每天早上会把平常从不拉开的窗帘拉开，今天阳光明亮，照进了酒吧的空间，不少客人眯着眼睛，望着窗外发呆，贪婪地品尝这个阳光。

有两位盛装打扮的太太，穿着旗袍，吹好的头发也用发胶固定住。其中一位的嘴巴很小，把蛋饼切成细细的，一小块一小块地吃。另外一位嘴巴很大，手上端着咖啡杯，眉飞色舞、比手画脚地讲着她在埃及玩时怎么对付一群扒手，因为一直在讲话，面前的蛋饼动都没有动。

蛋饼小哥注意到，每次大嘴巴太太讲到告一段落，正打算要吃一口蛋饼时，小嘴巴太太就会轻声细语地说句什么，这句话仿佛立刻又触动了大嘴巴太太的开关，大嘴巴太太马上又顾不得吃蛋饼，充满热情地开始再讲一段。

蛋饼小哥实在很好奇，小嘴巴太太到底每次讲了什么话，让大嘴巴太太停不下来。他趁着替各桌客人添加咖啡的时候，故意放慢一点速度，偷听小嘴巴太太说什么。

蛋饼小哥惊讶地发现，小嘴巴太太每次讲的话原来这么普通：

“你怎么会遇到这么多有趣的事啊，好羡慕。”“我也有朋友去过埃及，都没有你讲的这么好玩。”“这种事也只有你能遇上啊。”

小嘴巴太太虽然讲得很小声，可是语气很真诚，连不相干的蛋饼小哥听了，都觉得大嘴巴太太的遭遇一定很特别。

我相信一定有不少人告诉过你：“听，比说重要。”

能听的人，跟能说的人放在一起，各有各的本事。

可是爱听的人，跟爱说的人放在一起，那一定是爱听的人收获比较多。

因为能听又爱听的人，就算没有人说话给他听，他也可以听别的，他尤其会听见自己的声音，没有什么比这个倾听能力更重要。

能说又爱说，当然算一种长处。可是如果在忙着说的同时，错过了听，忽略了听，听的能力渐渐退化，难免会在重要的时候，也听不清自己的声音。

要怎么倾听，才能让对方乐意把他最好的部分交给你？这方面的原则，我写在两本《说话之道》里了，那些原则对交朋友都一定帮得上忙。

可是，如果想一步一步吸引觉得很有趣的陌生人，让他能够渐渐变成你的朋友，那么除了倾听之外，还有一种更有效率的做法。

拼命变有趣，别人才会乐于跟我们做朋友吗？

有一种聚会方式，要求每个参加的人各自带一道拿手的菜肴，这样可以让主人省点事，大家又可以吃到不同的菜色。如果有人在这种聚会上带了很乏味的食物，或者路边到处都买得到的食物，难免会遭到大家嫌弃。

有一次我竟然遇到升级版的邀请，是叫每个参加的人都带一个自己觉得有趣的人一起出席，让大家认识新朋友。这下子大家压力都很大，有趣的活人可不是路边到处都买得到的。再怎么平庸的食物，终究可以吃，但如果带了一个无聊的人硬要充有趣，场面也太尴尬了。大家瞬间都很懊恼手边没有储备拿得出手的人。

确实，如果好朋友是有趣的人，能令我们沾光，觉得自己的人际关系够像样，经得起考验。

大家本来就喜欢跟有趣的人当朋友，没听过谁会偏好专找无趣的人当朋友的。这也就造成有些人给了自己这样的压力：觉得要拼命变有趣，别人才会乐于跟我们做朋友。

每个人有趣的方向不同：热衷各种八卦可能有趣，装疯卖傻有时候也有趣，特别呆或特别博学都很有趣。但我们也必须承认：世上确实有无趣之人，数量压倒性地超过有趣的。

无趣的人，努力要变有趣，听到好的笑话就拿出笔记本来记下，练习把流行歌唱好，阅读各种冷门知识，甚至模仿他们心目中有趣的人。这些努力不会一无所获，起码这份努力，本身就会散发热情，感染周围原本冷漠的人。但是通过这些方法，是否就能够使一个无趣的人变有趣呢？

很遗憾，通常效果不理想。

怎么办呢？

你若想拍照，我来做补光

我们不一定能够让自己变得非常有趣，可是我们可以让对方觉得：怎么跟我们在一起的时候，他感觉自己特别有趣。

也许他本来只有七分有趣，可是跟我们在一起时，竟然变成九分有趣。那个人欢喜得意之余，一定会把多出来的这两分，归功于你。

我们变成了拍照时用来给脸上补光的反光板，只要有我们在旁边，那个人拍出来的照片，脸色就比平常好很多，那他以后拍照的时候，就绝对离不开这块反光板。

让有趣的人感觉，只有跟你在一起，一切才会这么有趣。

有些人一定觉得，这样交朋友未免太累，我必须说，看你怎么定义“累”。你看大嘴巴太太兴高采烈地讲个没完，觉得越讲人生越精彩，讲到没空吃蛋饼；而小嘴巴太太，虽然没有这么多有趣的事可以讲，可是听得很高兴，而且有充分的时间吃蛋饼。这个过程中一定要讲谁累，肯定是大嘴巴比反光板累，但其实谈不上累或不累，这本身正是活着的乐趣，她们两人享受了一段属于朋友的快乐时光。只要有乐趣，谁会觉得累？

称赞在刀口上，瞬间升级为知音

小嘴巴太太不只是倾听，不只是点头，不只是称赞，而是针对大嘴巴太太这个人来称赞，不是一般敷衍式的称赞。

你称赞我很会唱歌，跟你称赞说只有我能够把这首歌唱出这个味道，这是两种不一样的称赞，而且一定是第二种称赞更令我受到鼓励。

我如果得到了第二种称赞，就会有动力要进一步告诉你，我对这首歌独到的心得，我唱这首歌时，在哪些细节上有巧妙的安排。我会把你当成“知音”的储备人选。

你称赞一个美女长得漂亮，你无非就是美女当天遇到的这样讲的第十二个人。可是如果你认出了美女的打扮是模仿二十世纪七十年代纽约名模的风格，她自然会把你从那十二个人当中拎出来，另眼看待。

称赞一个有趣的人，想要让他对你留下印象，乐于跟你多交流，那就要称赞在刀口上。

小嘴巴认知并且肯定大嘴巴生活精彩，大嘴巴认知并且肯定小嘴巴就是能带来融洽的气氛，彼此互相欣赏，成为朋友。

友谊，有一个重要的标准，就是认知并且肯定彼此的长处。

小嘴巴不必担心自己在这段友谊中会没有分量，没有位置，因为友谊会随着生活变化，会增进也会消退。小嘴巴就算没有大嘴巴有趣，也请记得有趣只是交朋友的各种门槛之一，跨过即可，不必把门槛放大成牌坊。在接下来逐步发展的友谊当中，她们只要真的成了朋友，就会互相分担烦恼，一起经历好事与坏事，彼此更多了解，共享更多回忆。有趣与否，不再重要。

世上这么多无趣的人，其中很多人一点也不缺朋友，这足以说明：有趣，只是店铺的招牌，不是店铺的产品，更不是店铺本身。

交朋友，如同维系各种人际关系，当然也有酸甜苦辣，但总是要先交到朋友，才有机会经历这些友谊所带来的不同滋味啊。

而且，如果发现交朋友并没那么难，眼睛自然就会开始留意值得认识的人哦。

09

与人来往时拿捏好分寸，不伤对方，也保护自己

从来不麻烦对方，

那你跟对方就永远建立不了人情。

法学家霍姆斯（Oliver Holmes）有个逸闻，他有天在家附近散步，邻居一个小女孩遇见他就很自然地跟他一块散步。散步了一阵子，小女孩要回家了，霍姆斯就跟小女孩说："如果你妈妈问起你跑去哪儿了，你就告诉妈妈说你是跟霍姆斯先生去散步了。"小女孩说好，同时也告诉霍姆斯："如果你妈妈问起你跑去哪儿了，你就告诉妈妈说你是跟玛丽·布朗去散步了。"

小女孩玛丽·布朗当然不是故意要跟知名的法学家较劲，她纯粹是礼尚往来，觉得应该也回给对方这么一个可以交代行踪的说法。但她这个做法，立刻让霍姆斯意识到小女孩完全平等地与他互相看待，没有尊卑长幼之分。

心理学家麦格罗（Phil McGraw）说过："别人看待你的方式，是你教他们的。"

每次聚餐你都抢当召集人并且往返核对餐厅菜色，几次下来别人就把你的服务当作理所当然的了。

你的言行怎么表现，别人就会据以判断你给自己的人物设定，然后分配角色给你。

酒吧的老板因为怪异原因收到了一小群客人的抱怨。抱怨酒保跟他们聊天聊得太少。

酒保因为外形出色，得到不少客人的青睐，这些客人是冲着酒保来的。可是酒保很酷，话很少，又臭脸，醉翁之意不在酒的客人们，只好向老板投诉。

于是老板做出了荒谬的决定，他通过熟人弄到一双酒保渴望已久却怎么买也买不到的限量经典款球鞋，要求酒保在周末下午开一场粉丝见面会。

老板会供应免费的气泡酒，还特别找了酒吧的常客、过气的主持人来主持这场见面会。主持人竟然也爽快地答应了，完全没有从王牌主持人沦落到这个地步该有的耻感或哀怨。

到场的客人可以把任何想问的问题丢到箱子里，主持人会不断从箱子里抽出问题来发问，酒保必须回答其中至少十个问题。问题得到回答的客人，还能额外得到酒保的抱抱与合照。

酒保为了得到那一双球鞋，竟然也答应了（真是个物欲熏心的年轻人……）。

周末下午的见面会，来了将近二十位客人，大家喝着气泡酒，很踊跃地把问题丢到箱子里。

主持人开始抽出问题。

“为什么你调酒的时候都背对我们？”

“我故意的。”

“为什么你每次回答都讲那么少？”

“这样才能留更多时间听你说话呀。”

“除了当酒保，你还做过哪些工作？”

“我当过临时工，待过讨债公司，开过卡车。”

“你结过婚吗？”

“一次。”

台下出现一阵小小骚动。

“是不是每次分手都是你把对方甩了？”

酒保想了一下。

“是。”

台下发出一阵不知是表示感叹还是斥责的啧声。

“你很缺钱吗？”

“很缺。”

“你每天下班以后会喝醉吗？”

“我不喝酒。”

台下发出一片惊讶声。

“你最想遇到什么事？”

“被外星人抓走。”

台下的人都笑了。

“你目前有女朋友吗？”

“没有。”

“你会接受年纪比你大的对象吗？”

“都可以。”

台下发出一阵小小欢呼。

“你喜欢女生吗？”

酒保没回答，静止三秒之后说：

“呃，我有在算哦，这是第十一题了。”

台下响起一阵失望的抱怨。

老板赶快大放音乐，叫酒保调酒给大家喝。

周末下午的粉丝见面会，在此告一段落。

我这个人啊，就是少根筋。讲话者背后的心态多半是在自鸣得意

我们一起看看酒保是不是有引导别人怎么看待他，有没有在言行上表现出他给自己做的人物设定，如果有，他是怎么一步一步引导的。首先，看看他有没有拿捏人际的分寸。

“分寸”这两个字，会给某些人一种斤斤计较的印象。不在乎分寸的人自诩为粗线条、直肠子、少根筋。

“我这个人啊，老是这样子，就是少根筋。”你以为讲这句话背后的心态是在自责吗？常常不是，多半是在自鸣得意。

讲这句话的同时，就是觉得别人都太小鼻子小眼睛，太斤斤计较了。

可惜人际关系不是我们一个人的事，而是我们跟别人一起的事；不是一个人在天上飞，而是两个人或更多人都开着车，共用一条马路。我们越是不计较，就等于逼得别人要越计较。

我们还在自得其乐地觉得“这有什么关系”时，完全无法察觉对方已经火大到觉得我们“根本是得寸进尺”，这就是我们不计较，逼得别人要计较的结果。

这就是失了分寸，也就是心理学家提醒的，踩到了人与人之间的“界线”。

一辈子都没机会“做自己”的人，很难懂得尊重人际的分寸

很多人不尊重人际的分寸，是因为他们很要命地把人际关系当作随着出生就开始自己送上门的赠品。他们认为，反正是一出生就有家人啦，把头探出门外就有邻居啦，上学就有老师同学、上班就有同事及客户啦，一切人际关系都是如此理所当然，是源源不绝自动送上门的赠品。

有人会珍惜赠品吗？不会的。人们只珍惜自己付出成本所得来的事物。

把人际关系看成附赠品，当然会觉得不需要维护，弄坏了也无所谓。这就是对人际毫无分寸者的心态。

可能有人觉得这样粗鲁地活着挺爽的，但最好也看看他们是否不自知地蒙受了巨大损失。

年节时回家，三姑六婆大喇喇地过问你的薪水，探查你的感

情，她们笑嘻嘻地觉得这有什么关系，你却火大到发誓明年宁愿带爸妈出去旅游，也不要再跟这些三姑六婆纠缠。

妈妈觉得出生时就帮你洗澡，全身上下早就看遍了，现在进你房间没敲门有什么关系，你却火大到大吼大叫，要她尊重你的隐私。

对方不觉得有什么好计较的，你只好被逼得斤斤计较。

很多充满杀伤力的人际关系，都是这样来的。

“我这样做还不都是为了你好，你怎么这么不知好歹？”“这种事，大人的经验比你丰富多了，让我们替你决定就好。”

为什么会有这么多人被逼得大喊要“做自己”？因为大家的身边经常被这些没有分寸感的人环绕，他们很可能一辈子都没有享受过做自己的乐趣。他们依照他们从小被对待的方式，来对待别人。

很多西方人从来没有听说过粽子这种东西，你如果对他们大喊好想吃粽子，然后拿出一个用草绳跟叶子包扎起来的小包裹，打开叶子里面是一坨黏答答、烂乎乎的米饭，那些西方人难免一头雾水，直到他们亲自品尝了粽子的美味，才会理解你想吃粽子的情怀。

如同西方人无从知道粽子的好，从来没尝过做人有分寸的好处，也就不会觉得分寸有什么了不起。

在同一条马路上行驶的车辆，如果各自守住分寸，就算靠很近，也不会出车祸。同样地，与人来往时，拿捏好分寸，不伤对方之余，也保护自己。

酒保常常背对着想看他容貌的人，这很聪明。也许算不上是他的小心机，可是恰好在人际关系或者任何事情上，吊人胃口，永远会使一切更添滋味。至于话很少，这是在拿捏分寸，尤其面对喝多了又心存幻想的人，保持距离比较能避免伤害对方（但当然，一切还是跟酒保长得帅有关系，如果长得丑，大概背对客人达摩面壁一百年，客人也不会叫他转过来，而且不劳他保持距离，客人根本也没打算靠太近）。

当我们发现自己被没有分寸感的人包围时，可以如何应对？我希望在下一篇能够给一点有用的建议。**而这一篇的目标，是希望起码我们自己不要成为没有分寸的人，把别人逼到角落了都不知道。**

跟别人擦撞意味着很多风险，如果只打算像本书开始时的小岛渔夫那样生活，也许还好，但只要是期许自己能完成一些需要他人齐心合力的事，恐怕就会吃不消人际关系过度磨损的苦果。

永远不麻烦别人的人，人际关系会最好吗？

很多人说现代日本社会人际关系的最高准则，就是“不要给别人添麻烦”。

这话听起来很明白，可是到什么程度才算是添麻烦？

请你帮他牵一下狗，不算麻烦吧？万一绳子在你手里松了，狗狂奔到马路上被车撞了，麻不麻烦？他手机没电了，跟你借手机打个求救电话，不算麻烦吧？万一他手一滑，把手机摔碎了，麻不麻烦？

我们都想为麻烦定出一个明确范围，但你看，小麻烦总是有办法变成大麻烦。**重要的不是永远小心翼翼地想避开所有麻烦，而是用恰当的心态去面对麻烦。**

永远不麻烦别人的人，人际关系会最好吗？

昔日的上海大亨杜月笙说过他对人情的理解，大概的意思是：

从来不麻烦对方，那你跟对方就永远建立不了人情。所谓的交情是有来有往，你麻烦了对方，从此放在心里，有一天加码地把这个人情还了，你跟对方便就此建立了人情。

这虽然是江湖人士历练的心得，但放在别处也通用。

公司里人际关系最好的，一定是那个最常请同事帮一些对同事来说游刃有余的忙，又懂得倒过来适时回报同事的人，绝对不可能是那个从来不求同事帮忙，也从来不帮同事的人。

从来不在人情上跟别人有所牵扯，以为这样就互不相欠的人，你可以说他洁身自爱，也可以说他孤芳自赏，这些都可以算是很不错的评价了，只是人际关系这方面，会越活越狭窄。

什么情况下，我们会评论一个人“不知好歹”？

人跟人之间的关系不同，麻烦的标准也就随之不同。

餐厅端上来的汤是冷的，你请服务人员把汤端回去加热，这不叫给他添麻烦，这是他的工作（当然他转过身去还是可能大翻白眼就是了）；但你加班到半夜两点，回到家想喝碗热汤，把你丈母娘从她家叫到你家来替你把汤弄热，这绝对是给丈母娘添麻烦，甚至根本是在瞎整丈母娘了。

你腰痛到医院检查，被宣判腰椎间盘突出，把这个消息告诉男朋友让他一起分忧，这当然不叫给他添麻烦；但如果接下来跟初次见面的客户开会的时候，你也把这个消息告诉客户，客户可能会不忍心再看到你拿着文件跑进跑出，客户莫名其妙因为开个会就产生了罪恶感，这应该算是给客户添麻烦了。

有什么样的关系，才可以给对方添什么程度的麻烦，这就是分寸。

就是因为对每个人分寸的标准不同，才需要拿捏啊。

而尊重人际界线的人，一旦感知自己得到别人好处，懂得想着回报，这就是俗话说的“知好歹”。我们要判断一个人是否把这个人际关系只当成理所当然的赠品，看这个人“知不知好歹”，就能看出来。

不知好歹的人，一辈子会错过多少珍贵的机会，你看看身边，总是会看到一些血淋淋的例子。

10

主动引导、主动塑造我们期待的人际关系，不做委曲求全的滥好人

今天会在你面前挑拨生事的这位死党，

明天也会在别人面前挑拨你的事。

所有的形容词，所有的座右铭，都是相对的。你说“苗条得像仙女”，她说“瘦得像鬼”；你说“赚了钱就是要花”，他说“优秀的人不会被物欲控制”。

这些形容词或座右铭，都不是什么永恒的真理，都只是某人在某时的感悟，都只是字罢了，都只在你想用的时候，它们才有用。你今天觉得有用的字句，明天可能就不符合你的需求了；二十岁相信的事，到三十岁发现是鬼扯。这源自生活的变化与我们各自的成长，不用大惊小怪。反而是一直傻乎乎地死抓住小时候相信的东西不肯放，那才值得担心。

用这些字句来支撑你，而不是束缚你。你是这些字句的主人，由你来取用它们、使唤它们，轮不到它们倒过来使唤你。

寻找、尊重、理解人与人之间的界线

在追寻分寸感的时候，踢开那些常听见的形容词，什么“谨小慎微”，什么“心细如发”，好话坏话，都请踢开；

值得我们专注的，只有一件事，就是：我与人之间，树立什么样的界线，能令我平静、自在、舒服。

每个人需要的界线不同。我们要找到我们自己需要的界线，才不会动不动就与人擦撞，伤及自己与对方。你一定要开推土机当交通工具，那就去找适合开推土机的道路，不要开着推土机去抢脚踏车的专用车道。

即使你渐渐摸索出了你的界线，也请理解，

你对这个界线的需求，是会改变的。

新婚时与离婚后，对于与邻居接触的需求，应该会不一样；健步如飞时与脚扭到坐轮椅时，搭电梯所需要的空间，也会不一样。

有些界线，会在你脆弱或者心乱时才浮现。这种时候，你就会说："我想静静。"把城堡的吊桥拉起，把铁门拉下，即使是你说你很想念的静静，也一并关在门外。

很多人没有花精神摸索出自己需要的人际界线，却一味地盲从别人鼓吹的习性，觉得周末就该出去喝酒，逼自己去嘈杂的酒局，才喝一杯就焦躁了，想回家；或者根本不想跟局中这些人讲话，快快把自己灌醉了事。第二天忍受宿醉痛苦之余，不禁自问："所为何来？"

是啊，所为何来？

对"界线"一无所知的后果是，不但容易委屈自己，也容易冒犯别人。

一旦不懂"界线"是怎么回事，就会找不到自己的界线，也会看不出别人的界线。于是人云亦云地以为所有的上司都喜欢被拍大而无当的马屁，所有的情人都喜欢二十四小时嘘寒问暖，所有的新婚夫妻都想要早生贵子，所有病人都觉得好死不如赖活。

这就是误会一再产生的原因吧。

我们的生活应该避免误会，而不是一再制造误会，不是吗？即使我们不可能伶俐到去读懂人的心，我们起码可以在察觉别人的界线时，尊重那个界线，理解界线的后面，就是属于对方的空间。一旦能有这样的认知，我们也就成了一个"明白"的人。

传说中那些"自重"的人、"自在"的人，都是这样来的。当然，也会有人说这些人“自以为是”“过于自我”，但我前面已经说了，这些形容词，要扯起来，永远没完没了，一旦你能掌握自己的界线，这些字句就没有大用，一脚踢开即可。

幼儿时走路跌跌撞撞，撞到谁都不会引起对方责怪，等到长大，我们就不再跌跌撞撞地走路了。**摸索界线、追寻分寸，就是长大的过程。这样长大，不会油腻，可保清爽。**

为你自己好就好，不用“为我好”

酒保正在忙着把一批新到的酒放进柜子，酒吧老板不但不帮忙，还来给他添乱。

“我要介绍一个很好的女生给你，等一下就会来店里了。”老板说。

“我又没有要认识新的女生。”酒保冷淡地回答。

“等一下这个很好，跟那些每天晚上来这边把自己灌醉的女生不一样。”

“别这样说，那些每天晚上来这边把自己灌醉的女生，也没什么不好，更何况她们还是我们的衣食父母。”酒保冷淡地回答。

“反正多认识一个人也很好啊。”

“老板，我忘了告诉你，我跟我之前结婚的太太虽然分开了，可是还没有办理离婚哦。”

“咦？我怎么不知道？”老板说。

“这是我的私生活，老板你当然不用知道啊，我已经是个大人了，老板你不用替我的私生活担心，但是随时欢迎你帮我加薪。”

酒保露出一丝灿烂但应酬的微笑。

“你现在尽管嘴硬，等一下看到人家有多漂亮，你就会感谢我了。”老板说。

“我是来调酒的，不是来相亲的，我要出去买材料了，老板你先顾一下店吧。”

酒保说完，脸上毫无表情地走出去了。

老板有点下不了台，只好转而找正在莫名其妙微笑的过气主持人取暖。

“这小子，真不知好歹。”老板说。

“我倒觉得他挺知道好歹的啊，像我从来没有打算干涉他的私生活，他就知道我是好人；你老是想干涉他的私生活，你就是歹人。”主持人说。

“天地良心，我都是为了他好啊。”老板说。

“他觉得好还是不好，只有他说了算。你嘴上虽然说是为了他好，但多半是为了你自己好吧？”主持人说。

“胡扯，女生是要介绍给他的，我能有什么好？”老板说。

“只要让你可以有理由跟这个你看中的美女多讲几次话，多见几次面，你拿谁来当诱饵都不稀奇啊。如果这个美女喜欢科摩多大蜥蜴，我打赌你今天就开始养科摩多大蜥蜴了。”

主持人这话刚讲完，酒吧的门被推开，走进来一个大美女，果然沉鱼落雁。

“大美女，你喜欢科摩多大蜥蜴吗？”主持人没头没脑地大声问。

大美女愣住，老板抓抓头，主持人大笑。

拿捏分寸的五个技巧

外形出色的酒保先生，肯定是还没有读过你手上这本书的，但是酒保达成了几项关于人际关系方面的指标，我们可以一起来研究一下。

（1）主动，主动，主动

在酒保跟酒吧老板来回短短几句话里，酒保主动而且明确地表达了自己的几个立场：他没有要认识新女生。/ 他把粉丝当成衣食父母。/ 他其实还没离婚，可是这不关老板的事。/ 他已经是个大人了，可以处理自己的私生活。/ 他欢迎加薪。/ 他的工作是调酒不是别的。/ 然后，非常重要的，他主动离开现场，让谈话告一段落。

（2）不要就范，不要就范

在酒保跟酒吧老板来回短短几句话里面，酒保没有一次让步，没有一次就范。酒保不但不接受老板的安排，甚至连老板对顾客的态度都加以指正。

（3）保持距离

酒保画下了明确的防线，一再向老板强调，酒吧是他上班的场合，他的专业是调酒，而且也明确地把工作跟私生活分开，只要老板稍微踩到了界线的这一边，酒保就把老板推回界线的那一边，双方表演了一场有攻有防的太极拳。

（4）别被摸透

酒保为了不要被老板摸透，放了一个烟雾弹。酒保到底有没有离婚？根本没人知道。这个烟雾弹不但更加隐藏了酒保的实际状况，同时也扰乱了老板的攻势。然后，酒保逮到机会就离开现场，不让谈话继续，以免被问出更多资讯。

（5）转移重点

在整场谈话中，酒保丝毫不管前因后果地、没头没脑地提出了加薪的要求。这可以达到三个效果。第一个效果是向老板泼冷水，阻止老板继续一头热地陶醉在他自以为的好意里。所谓的讲到钱就伤感情，让老板猛地想到钱这么现实的东西，立刻就驱散了粉色的烟雾。第二个效果是传达了酒保本身真正的需求，提醒老板别再该做的不做，不该做的乱做。这甚至可以训练老板，让老板学乖，不要再随便找酒保聊私事，以免酒保动不动就提出要加薪。就像训练小狗时，只要小狗一咬你，你就使用颈圈轻而明确地勒一下小狗的颈子，让小狗清楚地感到不舒服。几次下来，小狗再也不咬你。第三个效果是，提出加薪强调了酒保没有忘记尊卑之分，对方依然是老板，酒保依然需要老板在酬劳以及福利上的照顾，但工作之外的照顾就免了。

你读酒保与老板对话的那一段时，应该就是随便瞄过，因为这么日常的对话，连续剧里一捞就是一大把。

但就是在这样平平无奇的生活场景中，酒保对付了一个自以为好心、但缺乏分寸感的人。

主动引导、塑造我们期待的人际关系，不要总在这么重要的事上随波逐流

如果酒保可以这样对待他的老板，我们要不要也试着这样对待我们身边那些自以为好心、但缺乏分寸感的人呢？

可能有人觉得，酒保做得到，是因为酒保知道自己是酒吧的台

柱，有恃无恐，我们一般人未必能这么有底气。

嗯，先在纸上试一试也无妨啊。

比方说，有长辈硬要安排你相亲时。

（1）主动，主动，主动

我们的主动可以表现在：

ⓐ 我们宣告已经有想追求的对象或是正在交往的对象；

ⓑ 我们现在还单身，但是宣告我们为自己规划了感情进度表，依据这个表，目前还没有要找交往对象。

（2）不要就范，不要就范

我们的不要就范，除了拒绝去相亲之外，还可以有其他方法：

ⓐ 可以为长辈解说。在长辈的年代，相亲也许很普遍，可是现代人已经有其他有效率的交友方式。也就是不用把长辈当敌人，而是当成暂时无知的可造之材，教育他们，开化他们；

ⓑ 取得相亲对象的联络方式，主动告诉对方目前不想相亲，如果对方真有那么饿，可以为了填饱肚子而一起来顿纯吃饭。

再找个例子。

有主管总是找你下班一起去喝酒。

（3）保持距离

对于这位主管，我们保持距离的方法可以是：

ⓐ 每次都拉同事一起去。喝酒的时候，把同事放在自己与主管之间，在心理上以及物理上都尽量拉开距离；

ⓑ 在平日上班时间，不断在同事面前，以只适合用在父执辈身上的那种语法跟态度，向这位主管表达敬意。如果偶尔带吃的喝的

给同事们，那带给这位主管的也永远是只适合长辈的养生保健品。让主管明确地知道，在你眼中，他就是上一代的长辈，没有遐想的空间。

（4）别被摸透

对于这位主管，我们避免被他摸透的方法可以是：

ⓐ 表现得酒量很差，稍微喝了半杯以后，就开始在佯醉中显现会令对方扫兴的某些个性或观念，比方一直表现得想自杀，或表现得极度痛恨男人，让主管觉得你这个人有很多黑暗的过去，非常棘手；

ⓑ 找声音比较老的朋友，假装是父母打电话来，要求你及早回家照顾生病的父母，你甚至可以在接听这通电话时，告诉电话另一头的假父母，你正在跟非常有责任感的主管喝酒聊天，然后把电话交给主管，让假父母直接在电话中感谢主管的照顾（不太建议使用真父母，以免真父母入戏太深，反而搞得父母又变成越过界线干涉你生活的人）。这当然是故弄玄虚，因为我们就是不想被摸透啊。

再找个不会拿捏分寸的例子。

有一个你的死党，总是在挑拨你与其他朋友之间的感情。

这种死党，可能是想要在你的朋友排行榜上永远占据第一名，或者挑拨离间是他操弄人的手段，可以令他觉得自己比别人优越、聪明。

可是请记得，今天会在你面前挑拨生事的这位死党，明天也会在别人面前挑拨你的事。

这当然也是一种自认为对你好，但其实是自己在爽，而且侵犯了你的界线的人。对这样的人，当然也会建议要主动，不要就范，保持距离，别被摸透，以及：

（5）转移重点

对于这位死党，转移重点的方式可以是：

ⓐ 在他挑拨离间的时候，不要顺着他走，而是让他听见你对友谊的需要是什么，是陪伴、支持，还是倾听，让他知道你没有在享受背地讲人坏话的乐趣，让他知道做你的朋友不需要在乎排行榜上的名次；

ⓑ 当然手段高明的挑拨离间，不容易穿帮，很有感染力，遇上了很难保持清醒，只好算我们倒霉；但如果是一般段数的挑拨离间，只要你愿意，很容易察觉。当你不想再听对方夸张的挑拨离间时，你只要告诉对方，他正在讲坏话的那个当事人，凑巧前两天刚称赞过他，这位挑拨离间的死党，听说对方竟然曾经称赞自己，当下一定会有所收敛。

这其实也是一种主动，

我们要主动引导、主动塑造我们期待的友谊或同事关系，而不要老是被动地在这么重要的事情上随波逐流。

如果你愿意再回头看看以上的五个重点，你会发现这五点都来自同样一个根源。**对于重要的人际关系，我们要培养勇气，勇于做主，而不是任人摆布，结果受尽委屈。**

也许你觉得这些方法当中，有些略显夸张，但请想想生活中各种没分寸的人，他们一旦没分寸起来，不也挺夸张的吗？

从《为你自己活一次》到这本书，我都一再建议你，不要成为一个委曲求全的滥好人。没人会为此感激你，包括你自己。

11

感觉缺爱时，探索一下缺乏的源头：是不是拿了根本与我无关的人生当范本？

一旦想到父母一直都没有给自己足够的爱，
就很容易不由自主地恢复到小孩的状态，
想拿到小时候该拿、但是没拿到的那些爱。

一个酒吧要吸引人，灯要够暗，音乐要够酷，最重要的，酒精要够多。

至于酒保长得是否够好看，只求一醉的客人们，逢场作戏而已，其实一点都不在乎。如果喝了半小时，客人还能看得出酒保长得好不好看，只表示酒精还不够。

吧台上三位看似念大学的女生，只背着小小的包包，这样才有理由把塞不进包的课本抱在手上，厚厚的书皮上印着外文，在酒吧里成为散发特殊魅力的小道具。

她们先是把头靠得很近，对着过气主持人的背影，小小声地讨论着。

过气主持人的耳朵都快要竖起来了，显然很享受这久违的被讨论的感觉。不过很可惜，事情没有依照过气主持人的期望发展，三个女学生并没有过来要求签名或合照，她们转过头去，叽叽咕咕地跟酒保讨论着。虽然只看到背影，也看得出主持人的肩膀瞬间垮下，显然打击不小，可见名气累人，遗毒后半生。

她们应该是打算用特定的调酒来搭配衣服，每个人都选了一款颜色起码有三层的酒。

其中一位女学生，展示着她爸爸买给她的新手表，另外两个女学生，顿时就开始埋怨自己的爹娘。

“你爸真的把你当公主耶，我爸根本连我的生日都不记得。”

“我妈才过分呢，从小只要有人称赞我长得漂亮，我妈就会赶快摇着手说，没有没有，哪里漂亮了，她自己也从来没有称赞过我漂亮。”

没有手表可炫耀的两个女学生，表现出缺爱的症状，严重缺乏父母的爱。

酒保将三杯色彩缤纷的酒，送到了三个女学生的面前。

“麻烦你们三位把证件给我看一下，我们不能卖酒给未成年的人。”

三位女学生这下可高兴了，嘻嘻哈哈地把证件掏出来。

“想要我们的电话就直接说嘛，假装看什么证件。”女学生们开心地笑闹。

酒保看了看证件，说：

“真的都已经成年了，其实可以像个成年人那样去面对爸爸妈妈了。”

主持人偷听到这本来该由自己口中传出的佳句，竟然被酒保如此轻而易举地说出，主持人的肩膀更垮了。

那些小时候该拿、但是没拿到的爱

如果是在气氛放松的家庭，成年了还继续装小孩，当然是一种乐趣。

但是，在气氛沉重的家庭里，如果成年了还继续装小孩，对爸妈或者对自己来说，应该都会很痛苦。

你一定会怀疑。如果是气氛沉重的家庭，小孩逃离都来不及，哪还会有心情已经长大了却继续装小孩呢？

妙的是，很多人虽然逃离了家庭，一旦想到父母一直都没有给自己足够的爱，就很容易不由自主地恢复到小孩的状态，想拿到小时候该拿、但是没拿到的那些爱。我们小时候如果一直吃不到冰淇淋，长大有能力以后，就会买个冰淇淋吃，修补一下童年的缺憾。小时候如果一直没钱买玩具，长大有能力以后，可能会比其他大人更爱买玩具，就算根本不想玩，只是放着看看也高兴。

同样地，如果我们感觉到小时候缺少了爸妈的爱，很可能长大以后，我们还是没有办法用大人对大人的态度，来面对爸妈。当我们想要修补缺憾时，又不由自主地回到了小孩的状态，向父母索讨那些爱的表现：礼物、称赞、宠爱。

你的人生不必浪费在制作爱的标本上

当初没有得到的东西，一定要补回来吗？就算补了，还会感觉是同样的东西吗？

人一辈子持续在变化，自己在变化，父母也在变化。小时候令我们失望的父母，过了许多年，当然有改变。

我们自己变成大人了，我们想要的爱不见得是小时候所期望的那种爱。长大了以后，我们的生活里会多很多值得珍惜的东西，重要的程度远超过冰淇淋或玩具，或曾经想要而不得的爱。

小时候感受不到爸爸妈妈的爱，当然很遗憾，可是我们的生活会越来越丰富，走进我们生活的人会越来越多，缺少爸妈的爱的缺憾，杀伤力会渐渐减轻。

有些人会对当年爸妈的表现感到谅解，有些人就算不能谅解，也觉得算了。

把自己当作成年人，也把爸妈当作成年人。既然双方都进入了不同的人生阶段，可以试着改用新的标准，来要求彼此的爱，而不是像抓通缉犯那样，死命追究小时候所缺的那份爱。不同的人生路段，限速会不同，路边风景也不一样，不是吗？

小时候没吃到的那份冰淇淋，长大时早就融化了，如果这么多年还没融化，肯定是蜡做的。

只有活着的，才是爱，不然就只是爱的标本而已。

感觉“缺爱”时，也许是你拿错范本了

不过，我对于“缺爱”这种感觉，有点扫兴的小提醒。

会感觉到“缺”，表示心里期待了一定的份额，但没有拿到。

菜单上的照片里，小馄饨汤每碗细数有二十粒小馄饨，结果送上桌时，竟然只有十八粒，这当然就“缺”了，要补上。

店家如果阴着来，每碗确实有二十粒小馄饨，但每粒小馄饨里面包的馅料减少百分之十，这样就比较不会穿帮了，除非你把每一粒拿起来用吹风机吹干了，再上秤去称重（即使如此，我也从没见过菜单上会标明每粒小馄饨的馅料重量的）。

亲情、爱情、友情，都不可能有菜单上拍好的完成品的照片，供你拿来核对内容有没有缺斤少两。

对于友情，我们从小就在课本上学到“伯牙摔琴”这样的故事，或“两肋插刀”这样的成语。那可以算是友情菜单上最夺目的照片了。但要是有谁拿自己得到的友情，去跟这些夺目的照片比对，当然会觉得黯淡无光、大缺特缺。

伯牙摔琴的故事是这样的：俞伯牙很会弹琴，钟子期很懂听音乐。伯牙弹琴时如果心中想着山，子期就能听出并且赞叹“琴声高峻，这山好雄伟啊”；伯牙想的如果是河，子期也能听出并且赞叹“琴声奔腾，这河好浩荡啊”。后来子期过世了，伯牙就把琴弦扯断，把琴摔烂，从此一生不再弹琴。

真是动人的故事，我们也读得懂这种惺惺相惜的珍贵友谊，但要拿这故事来核对的话，那我们得到的友谊都不可能这么戏剧化。

《康熙来了》这节目名称，被五月天的阿信写进《歪腰》的歌词里，我已经觉得很荣耀了，但《康熙来了》节目停播的时候，我可没指望有任何歌手把琴摔了，从此不再演唱（更何况，阿信演唱的时候，他心里在想什么，我根本听不出来。他在想爱玉冰时，我听见的是甜甜圈；他在想麻辣锅时，我听见的是咖喱饭……）。

我们的知心好友，如果有一天不在了，我们大概不会决绝到为对方摔烂琴、折断笔、拆掉方向盘、熔化切肉刀、自废九阳神功，从此不再做自己最擅长的事。我们比较可能为这位已经不在的知心好友，特别写一首歌、做一道菜，或带着他的照片开越野车去一处他没机会去的地方探险（当然，能够流传千古的故事，总需要比较激烈，但在真实的生活中，恰如其分才有助于活下去。把琴摔烂，等于拒绝了再遇到任何知音的可能，用自己的才华与乐趣，为对方陪葬。可是陪葬的观念，确实对生死双方，都是损伤啊）。

当我们感觉缺爱时，探索一下这个缺乏的源头：是不是我们拿了根本与我们无关的人生当范本，才会觉得缺少？这份爱真的有缺吗？缺的是馄饨的数量，还是馄饨的馅料？

米其林三星餐厅菜单上的漂亮照片，和我们的人生本来就不会有任何关系

作家木心写过许多迷人的短句，当中有一句的意思是："原来这样就是幸福了。"

幸福是体会来的，不是比对来的。一再去比对，永远不会感受到幸福。

有些女生把小时候看到的公主童话，当成菜单上的漂亮照片去点菜，以为会得到一样的王子、一样的爱情，结果菜上桌了失望，吃下口更失望，但其实没关系，很多经历了这些失望的女生，后来会跟木心一样，体会到"原来这样就是幸福了"。

有没有妥协？当然有。但有没有关系？没关系啊。

你会觉得妥协，正是因为你怀抱着一份期望，这份期望来自不知道哪家米其林三星餐厅的菜单上的漂亮照片。

乱抱期望，就一定多忙，而且忙得没完没了，也没有满足的一天。

可以的话，请不要纵容自己任性地放大这些缺乏感，太陶醉于当受害者，那是自讨苦吃。

12

过得越幸福，就越觉得对不起爸爸妈妈？

有的父母不但不会容许你过河拆桥，

还希望你一辈子都把这座桥扛在背上。

今天酒吧有点诡异，好多客人竟然都长得很像，仿佛是不约而同的恶作剧一样，放眼望去令人略晕。

坐在吧台最右边的老客人，还是那位过气的节目主持人。这家伙写过不少书，总是以为到酒吧里面来借酒浇愁的客人，会想要问他问题。可惜的是，当别人真的提出问题的时候，他往往说不出什么了不起的答案。可能是他反应变慢，也可能是他终于理解到，大部分人面对人生的麻烦，会觉得看书太没效率了，灌几口酒，把自己灌晕，也就把麻烦从马桶冲走了。要是马桶终于塞住了，怎么办？嗯，再用力灌下更多的酒就行啦。

半夜一点，一对西装笔挺的双胞胎走进来，他们一坐下就把领带用力地扯开，用的力气之大，好像是别人强迫他们把这条绳子套在他们的脖子上一样。两人同时点了马丁尼，一个说他的马丁尼不要脏的，另外一个说他的马丁尼越脏越好。

领带是米老鼠图案的那个先开口了，他说：

“我们两个被伦敦的银行挖角了，薪水是现在的三倍。”

过气主持人虽然答题能力退化，但还是很能说些锦上添花的应酬话，果然就顺理成章地举起酒杯来，接了话。

“恭喜呀，大展身手。”

米老鼠领带的那位礼貌地回敬，举了一下杯。但是，领带图案是凯蒂猫的另外那位，轻轻地叹了一口气。

“我们家两个老的，一辈子都没有坐过飞机，眼看已经老到坐不动飞机了。现在一下子，我们两个都要跑那么远，伦敦的银行也不会让员工放亚洲这些假，以后可能连过年都没办法回家看看……我们还没有要飞，妈妈光是听到这个消息，就已经开始每天哭了。”

过气主持人听了，可能连带着也为自己感到了寂寞，叹了一口气，没有再说话。

倒是米老鼠领带的那位，勉强打起了精神。

“但是我们薪水多了，就可以请人照顾他们了。”

“你们是因为日子过得比爸爸妈妈好，而感觉到罪恶吗？”长相好看的酒保开口说话了。

双胞胎听了之后，忽然愣住了。他们确实是感到烦恼，可是烦恼跟罪恶感不一样啊，为什么酒保会这么莽撞地推测他们是感觉到罪恶？难道酒保自己到大城市来赚钱，也对于抛下爸妈而感到罪恶吗？

“没有我，哪来的你？”

我们很多人的父母早年都过得很辛苦，理所当然地，为了要养大小孩，他们一定过得比原本更辛苦。

因为父母的辛苦和照顾，我们顺利地长大，结果我们长大之后，日子过得比父母好。理论上，这应该就是父母的期望，父母也一定会为我们的成就而高兴，可是除了高兴之外，恐怕难免还有别的感觉。

当别人得到了好东西，而我们自己没有的时候，很难单纯地为对方感到高兴，这是我们体内动物的本能。两个原始人，面对唯一的一块肉，如果对方得到那块肉，而自己饿肚子，哪有可能会为对方感到高兴，只有可能回到山洞里面痛切地反省，下一次如果再遇到同样状况，怎么做才能先把肉抢到手？那是你死我活的对决，谁有闲工夫去聊什么风度跟教养？

这种求生存的天性，使我们无可奈何地会嫉妒别人，会对别人的成功眼红。

父母除了是父母之外，当然也同时是人类，人类会有的天性，父母也都会有，例如嫉妒。父母看到孩子长大以后，生活更精彩，享受的各种设备都更先进，看到了比自己看过的更广阔的世界，而自己的人生大致已成定局，很难有新的火花。处于这个状况的父母，除了为孩子感到高兴之外，同时难免自伤身世。

情商高的父母，会把这份自伤身世，当作合理的感觉，适当地去体会（品尝各种滋味，本来就是活着的本质）。可是一定也有一些父母，会忍不住把这份自伤身世传递给孩子。这样做的父母是希望孩子能一再地确认父母存在的价值，甚至最好能在发出去的每张名片上都大大地印着：“我虽然长大又成功，但我仍然需要我的爸爸妈妈。”

中文里强调这种需要的成语或者俗语，出现的频率很高，远超过其他的语言，像“不忘本”“饮水思源”“吃果子拜树头”，或者是意思相反，但出发点一样的，像“过河拆桥”“忘恩负义”“数典忘祖”“翅膀硬了就想飞了”“也不想想这一切都是谁给你的”等。我们的文化非常在乎给出去的东西，对方后来有没有报答。

如果是朋友、同事，那都有分开的一天，人情有没有还干净之类的事也就只好不了了之，唯独父母是一辈子的，有的父母不但不会容许你过河拆桥，还希望你一辈子都把这座桥扛在背上。

幸好这件事情，可以疏导成为良性循环。

越是见过世面的父母，越是生活精彩的父母，越不至于把生养孩子当成自己人生的唯一成就，也就越不至于把孩子的报答，当作曾经被需要的唯一证据。

相对地，有些人可能觉得自己人生唯一明确的成果，就是生下了也养大了孩子，这样的父母可能就会比较常用“没有我，哪来的你？”这样的句子，以及有这样的心态。

面对这样的父母，不断地报答，似乎是唯一解决方案。如果父母要的是物质的报答，起码还比较具体，但如果父母要的是非物质的报答，那就会没完没了。

我过得越幸福，就越觉得对不起爸爸妈妈……

物质上生活过得比父母好，可以在合理的范围内，跟父母分享这些物质。可是，如果是精神上过得比父母幸福，而父母却觉得自己过得不幸，那么，孩子通常就会乱了阵脚。

举个例子。如果有一位母亲，为了让孩子的成长环境符合主流的标准，于是在明明应该离婚的情况下，依然勉强跟她痛恨的丈夫继续苦撑了十年，撑到孩子终于成年了，也就离婚了。但这位母亲在这个年纪离婚，要再次寻找伴侣的竞争力，当然也就比十年前差很多，如果一直都找不到伴侣，那这位母亲的生活里就只剩下了一个人，就是她的孩子。

当这个孩子有了自己的人际关系，有了自己的恋情，建立了自己的家庭，能够分给母亲的时间跟心力当然就大量减少。这种时候就会出现孩子过得越幸福，母亲越体会到自己不幸的情况，母亲感觉到自己被排除、被遗弃、被忘记。

处于这个状况下的孩子，罪恶感会很强烈，好像自己过得越幸福，越对不起爸爸妈妈。

请永远记得情商当中强调的原则：恰如其分。

父母可能一直没有机会认真面对情商的存在，没办法在自伤身世的同时，恰如其分地把这些感受当成生活本就会有的成分看待，这时孩子的罪恶感就要恰如其分，不能无边无际，不能一生一世，这就是我们说的合理范围。

在物质上想要报答父母的孩子，会在合理的范围内跟父母分享这些物质，这个所谓的合理范围，当然是根据孩子所拥有的能力，依照孩子的意愿，划分出一定的比例。因为物质很具体，无非就是金钱或者是生活要用到的设备，衡量起来比较容易。

在非物质上想要报答父母的孩子，也请用同样的态度，拿捏同样的原则，以你所拥有的幸福为基础，按照你的意愿，划分出一定的比例，跟父母分享你的幸福。

让人生的副驾驶们与有荣焉

收入比父母高，财产超过了父母的孩子，会有恰当的罪恶感，他们不可能故意把财产全部丢掉，把自己弄到跟父母一样穷。

孩子如果这样做，父母只会觉得这孩子是笨蛋，才不会倒过来称赞他。

而自己感觉比父母幸福的孩子，也应该怀抱一样的立场，尽量让自己的罪恶感维持在恰如其分的程度就好，而不是故意避免活得太爽，故意去陪着父母一起感觉不幸。

孩子如果真的这样做，父母只会感觉自己更不幸啊。

对于共同生活的伴侣，我的建议也一样。

主流的原则仍是男外女内，而持家带孩子的女方，仍没有明文规定的薪水收入。根据已经形成的默契，女方的收入来自家用费的自行分配，能够分配到有多出来的家用预算，就算是女方持家的酬劳。

在伴侣关系中，这样的女方成为没有薪水的辅佐者。没有她的辅佐，男方一定顾此失彼，手忙脚乱。

有部取材有趣的电影《在云端》(*Up in the Air*)，其中聊到伴侣的重要时，男主角说了这句:“人生有个伴更美好，每个人都需要一个副驾驶。”

正驾驶本来就应该对没正式领薪水的副驾驶心怀歉疚，恰如其分的歉疚；而副驾驶也该心怀一定程度的落寞，恰如其分地感受它。

都是大家各自的人生选择，想必也有副驾驶对于不用出外工作很开心的。

我们每个人享受的成果中，一定有不少是别人让给我们的，我们因此而产生的歉疚，要量力而为地表达，而不是回避，更不要因为有罪恶感，就放弃去追逐更大的梦想。

最打动我的电影之一是《跳出我天地》(*Billy Elliot*)，出身于矿工家庭的小男孩，意外地被芭蕾舞打开了人生，他去考舞蹈学校的经费，全部是一穷二白的矿工们凑出来的钱，所幸他完全没有被这份家乡的善意绊住，没有因歉疚而放弃那些矿工一点也不懂甚至嗤之以鼻的舞台。

跟一群失业矿工拿钱，去考皇家芭蕾舞学院，我太喜欢这个故事了。要为了罪恶感，而坐下陪大家一起哭吗？不，要让人生的副驾驶们与有荣焉，要让他们体会到他们成全了本来与他们无关的美好成果。

比别人过得好时，优越感令人讨厌，而歉疚感要恰如其分。

恰当的歉疚感是知恩感恩，但过度的歉疚感，会玉石俱焚。

人的感觉，提供了各种用途，其中一个用途，是被我们拿来当借口、变成帮凶，阻止自己去尝试值得但费劲的事。

不要上这个当，不要把感觉用来筑墙，然后把自己关在墙里面。

请容我提醒诸君：美好的人际关系里面，一定充满了让步妥协、互相迁就。

你一个人出去吃饭，确实很自由，想吃什么、想吃得很没仪态、很大声咀嚼、很用力舔牙龈，都没人管你。但一个人吃，能点的菜就很有限，吃到好吃的也无人可讲，也没人聊天。每多一个人跟你一起去吃，你就会多一些拘束，点菜也要跟人商量一下，不能完全照自己的意思，万一有人迟到或是过敏，也都要迁就着。但多一些人吃，就能吃到更多菜色，是一个人吃不到的。

人生也是如此，一直独食，太可惜了啊。

13

在虚拟世界里，感受真实的、散发力量的人际关系

哪个世界能够给我们存在感，
能够给我们足够满意的人际关系，
我们就会想要住在那个世界里。

初次见面，约在深夜的酒吧里。

夜行性动物的约会。

他们很明显是初次见面。

初次见面的约会，有一种小桌子被放在悬崖边上的紧张感，好像只要有一方令对方失望了，就会立刻来一阵大风，把整张餐桌都刮走，把两人各自刮回原本封闭孤单的小房间。

酒吧老板虽然不动声色地调着酒，但每次有这种诡异的约会，他都还是不免以眼角余光偷偷观察，在心中默默代他们沁出几滴冷汗。

老板本来还在想，是否应该把音乐关小声一点，方便他们俩说话。

然而他们并没有要说话，两个人拿出了各自的手机，低头传着短信。

酒吧老板看了觉得很新鲜，忍不住用手肘顶了顶坐在吧台的过气主持人，醉醺醺的主持人转头看了看。

“两个人在约会呢……你看，两个人都笑了嘿……”主持人边观察边咕哝着。

果然，这坐在同一桌的两个人，似乎在手机上聊得很开心，脸上都出现了微笑。在黑暗的酒吧中，他们的脸被手机的光照亮，好像有人在森林里为他们生了一个小火堆。

“还是没开口说话呢。”老板观察着。

“何必开口说话呢？他们已经在说话了啊。”主持人说，“人际关系这瓶几百万年的老酒，已经装入了新的瓶子啊。”

嗯，从人类出现在地球上以来，人际关系又到了下一个阶段，这瓶几百万年的老酒，从地球上有人类就开始酿造，现在又装入了新的瓶子。

情商原则中的“明白”和“刚刚好”

你看一棵树的花叶，就知道这棵树活得怎样；你看一个人的人际关系，就能直接看见他的情商。情商全部展现在人际关系上。

黄蓉一掌打不死的，郭靖一掌就打死了，那是因为郭靖的内力。别人请不动的人，你去拜托就请得动，那是你的情商。如果有

人说他很重视情商、但不怎么在乎人际关系的话，他等于是在说，他很重视水龙头，但他不在乎水龙头会不会有水流出来。哈啰（敲敲），有人在家吗？打开了却不会出水的水龙头，是打算装在墙上当成挂衣架吗？

我所相信的情商这三个很日常的原则：阳光～明白，微风～刚刚好，水滴～慢慢来。

所谓的“刚刚好”，就是恰如其分地体会自己的情绪，恰如其分地体会对方的情绪，少了就太压抑，多了就太多压力。

抱着这样的态度，才有可能展开以自己为重心的人际关系，而不是倒过来，被人际关系搞得疲于奔命。

很多人认为人际关系是“身外之物”，不是的。你怎么处理你每段重要的人际关系，完全决定于你的内心。

人际关系美好时，盛开的是你的内心；人际关系破碎时，枯萎的也是你的内心。人际关系就是我作为一个完整的人不可摆脱的一部分，是“没了就会不成人形”的东西，不是什么身外之物，是内心之物，是直通内在至关重要的东西。

生产汽车或药品，应该追求完美（但其实我们使用的汽车或药品，也只是姑且应付着眼前的需求，从来没有完美过）。

但我们作为一个人，过着日常的生活，不是在做汽车或做药品，没有道理追求完美。

没有完美这种东西，没有完美的人际关系，没有完美的老板老师，没有完美的朋友，没有完美的情人，没有完美的爸爸妈妈。

以自己的需求为标准，刚刚好就够了，不必追求完美，也没办法追求完美，因为根本没有这种东西。

除了“刚刚好”，情商的另一个原则——明白，也会大大帮助我们建立以自己为重心的人际关系。

我的另一本情商书《为你自己活一次》，如果曾经有幸得到你的青睐，那么我相信你已经陪着我一起体会了“明白”有多重要。

要达到明白，就不要随便接受人云亦云的标准，不要“好像大家都这样那我也这样吧”。

“这种事长大以后再说就好了。”“不要老是躲在家里，要多出去走走。”“结婚不是两个人的事，是两家人的事。”这些人云亦云的标准，确实可能适合当成某些人的标准，但不见得是你的标准。

人际关系这瓶几百万年的老酒，既然已经装入了新的瓶子，我们就试着用“明白”跟“刚刚好”这两个原则，摆脱一些长久以来对人际关系的陈腐印象吧。

哪个世界能给我们存在感，我们就会想要住在那个世界

以我们每天花在电脑跟手机上的时间与心力来说，我们看起来一个人的时候，其实根本不是一个人（根本不是一个人的意思，并不是指其实是一条狗啦，现在又不是在讲冷笑话）。我是说，我们看起来正在独处的时候，已经不是独处了。

有一位挪威青年，幼年得了肌肉萎缩症，从此必须坐轮椅，难以出门，难以表达，难以跟人沟通。这位挪威青年在二十五岁时过世，青年的爸妈理所当然地以为，葬礼只会有亲戚来参加。没有想到葬礼举办时，来了一大堆爸妈从未见过的陌生人，他们来自欧洲各地，都是挪威青年在《魔兽世界》这个游戏里面的战友。他们告诉爸妈，挪威青年在游戏里面热情、强壮、勇敢，擅长奔跑及游泳，更重要的是，他总是关心战友，鼓励战友，是游戏里面公会的重要支柱。

爸妈当然很惊讶，爸爸说他一直很担心，儿子从少年阶段开始渐渐变得几乎不出门，关在居室里拉上窗帘，日夜颠倒。爸爸计算过，儿子在人生的最后十年，起码花了两万个小时打游戏，这等于是一般人做十年全职工作的时数。

爸爸后来看了儿子以游戏玩家的身份所写的日记，了解到儿子在游戏里面交到很多朋友，得到了尊重与感情，那都是他在现实世界里没有机会得到的。

挪威青年是在二〇一四年过世的，这个故事距离现在又经过好几年了，这几年当然又出现了更多精彩的游戏，出现了更多在网络上交朋友的方法，类似这位挪威青年的各种不同版本的故事，只会

越来越多。

虚拟世界也好，现实世界也好，哪个世界能够给我们存在感，能够给我们足够满意的人际关系，我们就会想要住在那个世界里。

谁会想要住在一个自己完全被忽略的世界？即使那个世界是所谓的现实世界。

当然，再怎么想要住在虚拟世界里，总会有被迫要回到现实世界的时候。吃饭上厕所，开门拿快递，被银行催欠款，带猫咪看医生，都必须回到现实世界。但我们不会太在乎这个现实世界里仿佛行尸走肉一般的自己，我们在乎的是虚拟世界里，那个能感受到所有活着的理由的自己。

来自虚拟世界的支持：我不要你独自面对那个孤单黑暗的时刻

好消息是，照趋势来看，虚拟世界的人际关系，会越来越能够渗透到现实世界。

本来在现实世界，我们为了更好的生活，也许会很想认识一些医院的人、银行的人，或其他各种领域可以帮我们的人，可是很少有人这么四通八达，就算碰上了机会，对方也未必想认识我们。比起来，在虚拟世界认识这些人，甚至能成为朋友的机会，反而大得多。

一旦在虚拟世界成了朋友，更可能在现实世界也成为朋友。

虚拟世界的人际关系，当然是真的人际关系，而且是重要的人际关系。

我对很多人来说就是一个彻底的虚拟人物，我写的东西，我做的节目，当然都不是我亲手交到你手上的，我跟你也许永远不会见到面，可是我通过这些方式所建立的人际关系，都给了我最真实的支持跟力量。

当我跟我现实世界的朋友们鬼混的时候，我们通常东拉西扯言不及义，我绝对没有机会长篇大论地跟他们聊我书里的这些想法，也没机会大手大脚地展示我做节目的风格，我如果硬要那样搞，在他们眼中我肯定就成了一个自恋狂神经病，他们也不会乖乖忍受。

我不知道哪个世界的我比较有意思，但我很确定地知道：我花在虚拟世界的心力，远远超过了我花在现实世界的心力。

虽然我绝对不会在面对面约会的时候，用传短信的方式来跟对方聊天，也绝对不会花两万个小时打游戏，但我懂那位挪威青年对人际关系的认定标准。

我有一个非常喜欢的、虚拟世界的人际关系的故事，想在这边讲给你听：

故事的主人在一家对变性人友善的咖啡店工作。某个夜晚，他正忙着帮客人结账，店里电话响了，他以为是打来订位或是找人的电话，没想到电话那头是一个察觉自己想变性而压力大到几乎就要动手自杀的少年。店员不知如何是好，只能努力跟电话那头的少年聊天，希望能绊住对方使其不至于马上自杀。可是这样一来，店中无人服务，等着点菜喝咖啡及结账的人越积越多。店员正在焦头烂额不知所措时，客人中一位老太太听到电话上一些对话，明白了状况，就主动把电话接了过去，代替店员跟想自杀的少年聊天。店员感激地赶快去忙别的，等忙了一阵，回过神来，他发现，一大排客人排在老太太后面，每个人都自愿跟电话那头的陌生少年讲几句话，因为在这间店里的每个客人，都曾经独自面对过那个孤单黑暗的时刻。

你看，虚拟世界里也多的是散发力量的人际关系啊。人际关系是几百万年的老酒，就算装入了新的瓶子，酒还是必须要美味，才值得我们品尝。而这酒是否美味，取决于我们的做法，不是取决于瓶子。

14

为关心的人设立“无战争区域”，才是真的贴心

大部分人很害羞，也很压抑，被教养所束缚，

觉得表达情感是丢脸的事。

这样的人，需要别人给他一张表达情绪的执照。

在酒吧的角落，有一张特别破旧的小沙发，沙发的外皮脱落得很厉害，钉了几个大补丁，看起来很逞强，又很可怜。

酒吧的老客人都知道，这张小沙发是失恋者的沙发。一听就懂，这是给失恋的人专用的沙发。

坐在失恋者沙发上的客人，可以得到一杯免费的“超级浓的玛格丽塔”，任意点三首歌，以及放声大哭却不会被酒保过问的特权。

此刻，失恋者沙发上就坐了这么一个女孩，她的眼影已经被眼泪晕开成了电影《咒怨》里的鬼小孩。酒保乖乖地把免费招待的调酒拿给咒怨女孩。

“你们男生为什么要对女生这么残忍？”咒怨女孩哭着说。

“其实我们对自己也很残忍。”酒保无辜地说。

酒保因为外形出色，且有一点头脑，桃花一直很兴旺，对于女生的各种傻问题早已能对答如流。酒保说完飘然而去，留下咒怨女孩独自边吞酒，边落泪。

在酒保听起来，失恋者的悲伤总是大同小异，他实在没兴趣三不五时就要听这些东西。他调了一杯加蜜的莫希托，免费送给酒吧的常客、过气的节目主持人，意思是麻烦他去当咒怨女孩的听众。

这个任务对于主持过八十几档不同感情节目的主持人来说，根本如同呼吸，反正现在也没节目主持了。主持人拿着酒，坐到了失恋者沙发的扶手上，用了他的名句：“谈恋爱很累吧？”咒怨女孩一听，果然开始大哭，幸好酒吧的音乐够大声，其他客人照样怡然自得、各喝各的。

其实到酒吧喝酒的人，为了不同原因喝到掉眼泪的，多的是，在学校被排挤的、刚失去大订单的，都很值得哭。但是酒吧老板特别为失恋者设了一张沙发，这当中暗藏着一番温柔心思，就是要向酒吧的其他客人宣告：“此人又恢复单身，有意者不妨趁虚而入。”

酒吧老板相信，一间酒吧的重点并不是酒，而是喝酒的人，让客人之间发生故事，酒吧也就有了自己的故事。

人际关系杀人执照

大部分人很害羞，也很压抑，被从小开始的教养所束缚，觉得表达情感是丢脸的事。

这样活着的人，需要别人给他一张许可证，才好意思顺畅表达情绪，就像英国秘密情报局给了007情报员发了一张杀人执照一样。

日记本曾经是很多人的杀人执照，暗恋谁或者记恨谁，都可以不怕丢脸地写进去。日记本不流行以后，改成可以锁定阅读许可权的社交平台，只要设定为“内容只有自己能够看见”，功能也就等于可以上锁藏在抽屉里的日记本（只是有时候喝醉了，阅读许可权没有设定好，秘密就会公诸天下，只好在次日移民火星。）

酒吧老板设一张失恋者沙发，就跟想发表公开言论的人在公园里摆一个小木箱，或是日本的中学生借用学校的顶楼天台，轮流站上去讲话，都是同样意思。

人际关系很难得能有真正对等的状况。古装戏里，皇上一时兴起，跟侍卫玩摔跤，硬是要叫侍卫来真的。侍卫如果够二百五，真的把皇上给摔了一跤，大太监立刻叫人把这侍卫拖出去斩首。老板开会鼓励员工，尽量批评公司，任何问题都欢迎，员工奋勇向前地批评完了之后，当下一定得到脸变僵硬的老板的赞许，第二天坐在位子上，却会不时感觉到微微的寒风，体会到职业生涯微微变凉。

以世俗标准而言，处于相对强势的那一方，所即兴赏赐的“别把我当皇上，咱们来真的”那一套，弱势这方若天真地相信了，很危险。

反而是相对弱势的这一方，如果能够大大方方地提出要求，倒过来一步一步训练强势的那一方遵守游戏规则，杀人执照才有可能生效。

用手冲咖啡、小箱子、笔记本和冰箱贴，打造无战争区域

我认得一个女生，很会手冲好喝咖啡，只是磨咖啡豆什么的稍微麻烦一点，她在公司不好意思这样大张旗鼓地手冲咖啡给自己喝。咖啡香却惊动了老板，常常叫她做一杯来喝。当老板对于咖啡赞不绝口的时候，同部门的同事就趁机提出了"无责任咖啡时间"，整个部门跟老板约定，以后每次喝手冲咖啡时，部门的员工可以向老板提出抱怨。

老板了解员工的苦心，也就答应了，但从此喝手冲咖啡的时候，也就成了老板伤脑筋的时候，每次听了抱怨，不免要处理，可是员工总算有了一个可以拦轿喊冤的出口。（不过我这个女生朋友告诉我，老板后来就越来越少叫她冲咖啡了。）

我认得另外一个女生，她的儿子十岁。儿子有一次想跟她吵架，可是因为太生气，又要哭，又要讲，什么话都讲不清楚。这个女生就拿了一个平常装玩具的小箱子，把箱子倒扣过来，放在地上，告诉儿子，先不要哭，深呼吸一下，再站到箱子上，站得挺挺的，把想跟妈妈讲的话，慢慢讲出来。

儿子照做了，站到箱子上以后，把他对妈妈很生气的一件事说了出来。儿子讲完以后，过了几天，拿了这个箱子跟妈妈商量，是否以后他想跟妈妈吵架的时候，就站到箱子上跟妈妈讲，妈妈就不可以生气。两个人就这样讲好了，这个小箱子成了儿子找妈妈吵架的杀人执照。

贴心往往不是抱紧紧，而是为你关心的人留下足够的空间

距离贴很近的人际关系，如果当中能够设立一块“无战争区域”，双方比较有机会意识到这个空间对彼此多么珍贵。就是因为平常动不动炮火四射，更能显出无战争区域的必要。

情侣之间，可以把冰箱上的磁铁便条区划作无战争区域，在那个区域里沟通的事情，双方都要抱着“不吵架而是解决问题”的态度面对。

很容易就吵架的母女之间，可以设一本沉默笔记本，当作无战争区域，如果是当面讲会起冲突的问题，就写在这本笔记本里，放在对方的桌上。

经常通短信的死党，可以约好，如果其中一人先发一则挥舞白旗的信息，宣布开始进入半小时的无战争状态，收信人就要有心理准备，即将面对的是比较难堪的内容。

这些小道具或者小动作，都只是一个象征符号，没有人会在乎是什么符号，重要的是，双方都尊重这个符号代表的心意。

只要懂得珍惜这份心意，三次五次沟通下来，渐渐就可以摆脱小箱子或小笔记本，除非是又发生了严重的吵架，那就只好再把小箱子小笔记本拿出来。

再怎么亲密的两个人，也不可能随时知道对方正处于什么样的情绪。用一个小道具或者小动作当作缓冲，标示出自己目前所在的情绪状态，方便对方寻找适合双方沟通的时刻，这就是与人相处的贴心。

贴心往往不是抱紧紧，而是为你关心的人留下足够的空间。

15

没有别人，你就做不了自己

想发财，总得出门买张彩票吧。

这个星期，过气主持人跟好看的酒保，竟然连着在酒吧以外的两个地方相遇，而且在双方一点也没有竞赛心的情况下，展开了一场小小的竞赛。

他们相遇的第一个地方，是专门放映冷门艺术电影的影院。

冷门的艺术电影，观众少是应该的，但是少到一场只有两个观众，恐怕仍然会令导演在墓中翻身叹息吧。

这场放映的伊朗导演阿巴斯·基亚罗斯塔米所拍的《何处是我朋友的家》，主持人最喜欢的电影之一。既然是最喜欢的电影，特别跑到影院来看第五遍，也是理所当然的事，但除了自己，另外一个识货的观众是谁呢？

主持人忍不住回头看了看，他很意外，另外一个观众是酒吧里那位酒保。酒保离开了昏暗的酒吧，在影院明亮的灯光下，竟然并不是想象中那种吸血鬼般苍白的肤色，这也令主持人有点意外。

这下两人既然打了照面，酒保出于社交礼貌，只好移坐到主持人的旁边。这两位都一个人来看电影，就表示未必喜欢旁边有人，这下却被教养所迫，尴尬地硬坐在一起，算是遇上了人际关系的日常小测验。

幸好主持人虽然过气，毕竟是专业的聊天者，要找几句话来聊，撑过电影开演前的时间，轻而易举。

“最近有几个女生在追你？有没有超过三个？”主持人问。

“五个。”

“没有一个能陪你来看电影吗？”

酒保想了一下。

“我懒得带她们来看这种电影，她们五位似乎比较适合看爽片吧。”酒保说，“你呢？怎么一个人来看电影？”

“一个人看电影很正常啊。我还可以表演一个人打麻将给你看呢。”主持人叹了一口气，“你以为我喜欢一个人啊？”

灯光暗下，开始放电影。

他们相遇的第二个地方，是游泳池边。

酒保湿淋淋地从游泳池中爬上岸，竟然发现主持人一个人躺在泳池边的躺椅上。

“咦？又碰面了。”酒保说，“你不下去游泳吗？”

“我比较喜欢晒太阳。”主持人说。

“你都游什么式啊？蛙式还是自由式？”

“其实我不会游泳。”主持人说。

阳光忽然暗下，乌云飘过。

看起来都是很日常的对话，两个人感觉起来并没有在进行什么竞赛吧？

其实有，而且主持人输了，连输两场。

两场都输在：酒保有选择，而主持人没有选择。酒保可以不要一个人看电影，是他选择了一个人看电影；酒保可以不游泳，是他选择了要游泳。

有选择不表示会选得好或选得对，但，没的选择就只是没的选择。

“我这十年安排了十次让你中头奖，结果你连一张彩票都不买！”

勉强要把没的选择讲得冠冕堂皇，只是嘴硬，粉饰太平。

为别人粉饰太平，也许算是教养；但是对自己粉饰太平，可就耽误了自己。

我们一个人的时候，到底是选择了独处，还是没的选择才独处？

如果是我们选择了独处，独处才会出现应有的乐趣与效果。

如果是没的选择才独处的，就会感觉无奈跟寂寞吧。

没的选择的时候，最好的做法是什么？是创造选择，多创造一些选项出来。

我另一本情商书《为你自己活一次》里的建议：我们可以常常否定自己的某些行为，可以常常承认有些事我们做错了，但我们永远都不要否定自己整个人，永远不要觉得自己整个人就是错的。

不要说："我这个人就是交不到朋友。"

如果你很爱这样想，那好歹也要公平一点，好歹问自己这么一句："为了找到朋友，我做了任何事吗？"

想要吃到咖喱饭，总得走进一家卖咖喱饭的店，总得开口或者靠按钮，点一份咖喱饭，总得在咖哩饭来了以后张开嘴巴吃啊。

我当然承认有"缘分"这件事，初次见面的气氛对不对，两个人支持的球队是不是同一队，都会影响两个人做不做得成朋友。

但一切就像那个有名的笑话：

神明在你面前显灵，告诉你，一定会不劳而获地发大财。你欣喜若狂之余，就乖乖地在家宅了十年，结果不但没发大财，还几乎要饿死。总算等到神明再度显灵，出现在面前，你大发脾气，指责神明欺骗你，谁知道神明比你还生气："我这十年安排了十次让你中头奖，结果你连一张彩票都不买！"

是啊，跟想吃咖喱饭一样，总得出门买张彩票，总得做点什么吧。

"做"自己，不是"坐"自己

如果很极端地把一切都推给缘分，坚信有缘就能做朋友，有缘就能谈恋爱，然后自己就瘫在原地，一点事也不做。等到发现自己真的没朋友时，又很极端地把一切都怪在自己头上，说自己就是一个交不到朋友的人。要不就全怪缘分，要不就全怪自己，完全舍弃了恰如其分的原则，也完全辜负了做自己的那个“做”字。

做，就是要有行动。

不然只能算“坐”自己，不能算“做”自己啊。

所有的事都一样，如果有认真采取过行动，但行动没有效果，就可以恰如其分地承认行动失败。搞清楚失败在哪里，可以试着改进哪里，而不是无限放大地掀桌式全方位瞧不起自己，把自己当垃圾。

“凭你这种货色，也想跟人家做朋友啊？”“凭你这种货色，也想领导整个社团啊？”“凭你这种货色，也想被外星人抓进飞碟去解剖还植入芯片啊？”……

为什么会有人这样动不动就否定自己、责怪自己呢？应该是因为发现除了怪自己，全世界没有其他的东西可以拿来当替罪羊吧。但其实自己并没有犯错，只是什么都没做。不改进这一点，赶快做点什么，却直接宣判自己无药可救，这对自己太不公平了。

别再误以为讨好大家是人际关系的至高境界

我们是怎么意识到自己的？因为我们意识到了别人。

我们耳朵里会听到两种说话的声音，一种是别人对我们说话，我们看着对方嘴巴在动，我们知道那是别人在说话；另一种是我们自己对自己说话，即所谓的“心声”。

我们听见自己的心声时，不需要看到我们自己的嘴巴在动，也能知道那是我们在对自己说话。听见心声时，我们不会吓得发神经，忽然在街上尖叫狂奔，以为遇到鬼。

就算开始意识到自己的存在，我们也搞不清自己是个什么样的人，我们需要看着别人的身高，才知道自己算不算矮；要听到老师骂我们懒，我们才知道原来上课时趴在桌上睡觉叫作懒。当我们对自己有了又矮又懒的印象之后，我们的心声会跟我们对话，讨论一下自己是不是真的又矮又懒。

我们对自己的了解，是大量依赖跟别人比较，以及收取别人的评价，再掺杂自己的意见，而逐步形成的。

看看刚才的描述，就知道为什么别人对我们的要求，常常会盖过我们对自己的要求。我们自己只有一票，而身边的人有很多票，班上或公司的人就好几票，家人又好几票，网友又好几票，一旦投起票来，我们自己这一票很容易被忽略，于是我们就委屈了自己。

不想继续委屈的话，就要翻新我们对人际关系的陈腐想法，别再误以为讨好大家是人际关系的至高境界。

体会着自己的存在，摸索出自己的需要，才有可能开始根据自己的需要，来安排人际关系，这包括调整与生俱来的那些人际关系，以及另外去建造那些没办法与生俱来的人际关系。

人类原始的本能与记忆，使我们身上保留了不少部落的习惯。比方一个小村子来了个陌生人，就算村子里既没有值钱的东西，也没有值得掠走的人，村民仍然免不了对陌生人多看两眼，交头接耳，指指点点，提高戒备，那是部落的习惯。部落里各种物资都很珍贵，不能消耗给一个与部落利益无关的外人。但如果你在大城市开店，也用这个态度面对陌生客人，要不就是嫌钱太多，要不就是嫌骂太少。

人类超越动物最多的能力，就是人类会不断地开拓人际关系，找到新的对象来合作。从打倒一只熊到打造一辆车到打网络游戏到打美容针，靠一个大象家族或海豚家族绝对完成不了，靠几百人的人类部落也完成不了，要靠千万个大大小小的部落，前赴后继地开拓人际关系，互相建立信任，彼此交换技术，共享得到的好处。历史上，只有人类的人际关系，累计达成这样的成果，而狗们的狗际关系，始终维持在互相闻身体；猴们的猴际关系，始终维持在互相抓虱子。

汤姆·汉克斯主演的那部流落荒岛的电影《荒岛余生》（*Cast Away*），男主角为什么必须找出一颗排球，用自己的血给它画个脸，还给它取个名字叫威尔森？因为男主角需要一个别人，才能知道自己还在。没有真的别人，那就拿一颗球当别人。

待过监狱的人告诉我，大家宁愿夏天十几个人挤在同一间充满汗臭的牢房，也不愿意一个人独自关一间，他说那样关三天就感觉要发疯。

没有别人，就做不了自己。

你拿一张纸，随便画个笑脸。在你画出那个笑脸的同时，笑脸周围的世界也就存在了。如果没有笑脸周围的那个世界，你就画不成那个笑脸（当然，如果人际关系搞得很砸，那就是哭脸，但好歹会有一个脸啦）。

当你自己的世界中心就好，干吗去当别人的？

我认识几个人，对待宠物远比对待朋友用心，比对待伴侣用心（也绝对比对待爸妈用心）。每天起码花一小时遛狗，跟狗玩，捡狗屎，但一星期都未必能花一小时跟朋友玩（更不会遛朋友，或是替朋友捡屎）。

这些狗主人总是告诉我，狗把主人当成了世界的中心，但朋友可不会把他们当世界的中心（没错，我就不会把他们当世界的中心）。而且狗吃什么都高兴，从来不会说什么不中听的话，不像我吃东西挑三拣四，还常常说不中听的话。这些狗主人就是传说中“认识的狗越多，就越讨厌我”的那群人。

我也非常喜欢这些狗主人的狗或猫主人的猫。但同时，我不得不看到这些朋友在宠物身上花费了比较多的时间，却冷落了身边的人类。

人本来就不应该被另一个人当成世界的中心，我们被宠物当成世界的中心，确实很过瘾，但不能就这么顺理成章地养成习惯，用这个标准去衡量人际关系。没有任何一个人（即使是我们的孩子或者恋人）应该被要求，把我们当成他的世界的中心。

你当你自己世界的中心就好了，干吗去当别人的世界的中心？

电影里流落荒岛的男主角，一旦回到真实的世界，就不再跟他的排球好友威尔森讲话了。

我当然理解宠物对主人的重要，可是我也想提醒主人们：宠物跟排球，都不能代替人际关系。

人类到目前为止所达到的成就，当然也有很多动物例如牛马鱼虾，细菌跟炸鸡的参与，但动物能做的，跟人类能做的不一样。如果不是人类承先启后，勇敢地跟其他各种陌生人合作，那么人类能做到的事，会比现在差很大很大一截。

我们每个人能力都很有限，人际关系是扩大我们能力的方法。

没的选择的时候，创造选择。

没朋友的话，交朋友。

16

请人帮忙，不但不会被讨厌，还能交到好朋友？

找人帮忙时，要让对方觉得，

他是独一无二的无可替代的最佳人选。

你应该听说过，退休的人，忽然感觉自己没用了，活在世上是多余的，没有了动力，很快就无聊死了。不是形容词，是真的死了的那个死了。

不被需要的感觉那么惨，同理可知，被需要的感觉多么好。

你如果能令对方感觉被需要，你会带给他很多喜悦。

酒吧因为生意不够好，酒吧老板决定当二房东，希望白天的时段也都能找到人租用，大家分担房租。早餐时段已经租给蛋饼小哥了，现在下午喝咖啡时段，也总算租出去了。

一副部落巫医打扮的老太太，租了酒吧的空间，在下午卖咖啡，已经卖了一段日子，生意很不错。但今天的咖啡座上，出现了两位罕见的客人：在同一个空间卖早餐的蛋饼小哥，以及在同一个空间晚上卖酒的酒吧老板。

三个人都打扮隆重，仿佛是掌握人生不同阶段的三个神明碰面，商量这回要怎么整人类。

但当然不是。无非是聊一些琐碎的事。

“我希望你们在早上跟下午，可以帮忙宣传我酒吧的活动。”老板说。

“如果我们帮你，你算我们的租金可以打九折吗？”蛋饼小哥问。

老板摇摇头。

“租金已经很便宜了，没办法再降低。”

“那我们为什么要帮你？”蛋饼小哥问。

“因为我想在我的酒吧卖你的蛋饼，你做的蛋饼，是全世界我吃过最好吃的蛋饼。我跟我的客人这么说，他们都说我口说无凭，除非他们吃到了才算数，我要让他们用热腾腾的蛋饼当消夜配酒，他们就知道有多好吃了。”

蛋饼小哥冷不防被这样称赞，本来像一堵墙的脸，忽然出现一丝缝。

“嗯，如果是这样的话，那我也可以考虑看看：你在酒吧兼着卖我的蛋饼，我卖早餐的时候帮你宣传你的活动。”蛋饼小哥说。

“爱吃你蛋饼的客人里面，有好几个是公司主管，你只要多鼓励他们，带同事来我这边喝酒聊天，我就非常感谢了。”

“我倒是想委托你发挥一下创意。”老太太对酒吧老板说。

一听到要发挥创意，酒吧老板挑起了眉毛，眼睛微微放光。酒吧老板自命是怀才不遇的创意才子，只是时运不济，才华遂被酒精淹没。

“哦，说来听听，什么样的创意啊？”老板问。

“用咖啡调出来的鸡尾酒，像爱尔兰啦，波西米亚啦，我喝了都觉得还好。你也知道我的咖啡豆很好，我觉得你一定可以创造出更有创意，也更有趣的咖啡鸡尾酒。”

老板欣然答应。

“你如果能帮我创造出三款全新的、能让人上瘾的咖啡鸡尾酒，我就会好好宣传你酒吧的活动。”

老板搓着手，跃跃欲试。

“好哇，好久没有创造鸡尾酒了，你等着喝我的发明吧。”

找人帮忙？对方一定会觉得我是麻烦鬼！

有些人以为，我们请人帮忙，对方就算勉强答应，也会觉得我们是麻烦鬼，以后再碰到我们，一定会躲得远远的，有的人更会直接拒绝帮忙。拒绝当然就表示他们不只嫌我们烦，更讨厌我们。

照这个逻辑推论，找人帮忙就是自讨没趣、自取其辱，怎么可能会对人际关系有帮助？

我也觉得找人帮忙很恐怖。当我在主持节目这个位置上时，通常是别人找我在节目中帮一些忙，我就量力而为。等到我担任电影导演时，开始要不断地拜托别人帮忙，我一度很难启齿，结果其他制片与导演都鼓励我，告诉我电影注定要劳师动众才能完成，不拜托别人帮忙，就等于不断在细节上让步。找人帮忙，本来就是制片、导演、记者、侦探，乃至各种创业做生意的人理所当然的工作之一。

一个人再怎么能干，会的事情就这么多，如何应付得了世上各种任务？组了家庭，请了员工，家人与员工当然都能帮不少的忙，但总还是有许多能人，既不可能跟我们组家庭，也不可能被我们聘请，这时候除了拜托他们，别无他法。武侠小说在求人放手或交换利益时，常出现的社交名句："就当是跟在下交个朋友吧，如何？"就是用在这种时刻。

懂得找人帮忙，是一种成长，能够升一级去完成超越自己能力的事。人生如同打游戏，不升级，难道降级？

至于，用什么方式找人帮忙，才不会被讨厌呢？甚至还能因此展开一段友谊呢？

答案很简单，用别人喜欢的方式，请别人帮忙，就有可能变成朋友。

帮你同时收获帮助和友谊的四大秘诀

你如果回头看刚刚的三人会谈，酒吧老板、蛋饼小哥以及巫医老太太他们的简单对话，一定立刻发现在他们的对话中，隐藏着找人帮忙的几个秘诀。

第一个秘诀：先提出一个用膝盖想也知道会被对方拒绝的过分要求。当对方果然拒绝之后，对方多少会心怀内疚，这时再提出不那么过分的要求。

小哥提出降租金时，老板立刻就拒绝，接下来事情变得比较好谈，因为老板感到内疚。你跟主管要求加薪时，大概三两下就被主管打发掉，但主管终究有点不好意思，这时提出下礼拜要请假，比较不会被断然拒绝。

第二个秘诀：找人帮忙时，要让对方觉得，他是独一无二的无可替代的最佳人选。

有些人找人帮忙时，表现得好像是路过顺便找你帮个忙，似乎就算你拒绝，也还有另外四十个备胎人选可以帮这个忙。比方机舱内忽然有人昏迷，空服人员如果广播问全机舱的人：“请问有谁可以帮忙？”全机舱的人都会面面相觑，不知谁有资格帮这个忙，但空服人员求助时一定会这样广播：“请问本班乘客有任何医护人员吗？”这就会让机舱内的医护人员感到舍我其谁，责无旁贷。其实跟求婚差不多，你总不能已经拿着花束与钻戒单膝跪地了，眼睛还不断瞟向在场的其他美女吧。

酒吧老板找小哥提供蛋饼时，先宣布小哥的蛋饼是全世界最好吃的蛋饼，他摆明了不是要卖任何蛋饼，而是只想卖小哥做的蛋饼，让小哥感觉自己是唯一的人选。

第三个秘诀：找人帮忙时，要让对方觉得你提供了一个让他施展抱负的机会。

五月天有一次演唱会的主题设定是“地球出了状况”，他们找我扮演一个新闻主播，在演唱会开始时，播放我报新闻的影片。影片中，我一边报道地球发生的各种天灾，一边惊慌失措。我其实很怕演戏，即使这么短这么简单的戏，我都觉得尴尬。但我当时想，能够出现在五月天演唱会的舞台上，这辈子摆明了只有这么一次机会，如果要靠我去练歌，八辈子都上不了台，所以当然就答应了。

老太太想要老板研发新款的鸡尾酒时，开口就说了，需要老板的创意。而老板（以及我所认识的不少自诩才子才女的人）只要听见有机会发挥创意，就变得跃跃欲试，即使摆明没什么酬劳，也不以为苦，反而觉得是用自己的创意为世界添加有趣的事物，多一个在世上留下痕迹的机会。

第四个秘诀：讲究互惠的精神。

老板跟蛋饼小哥以及巫医老太太，三个人都是根据互惠的精神找对方帮忙。武侠小说里那句“何妨大家交个朋友”，一听就让对方知道，现在帮了对方，有一天可以向对方要回这个人情。

有些人觉得自己已经落魄到求助于对方，哪还可能有能力帮对方的忙。这样想的人忽略了对方既然愿意听你求助，就不至于完全不把你放在眼里。（就算对方看中的是你的骨头，要拿来熬排骨汤，对方还是把你看在眼里了，不是吗？）你觉得自己整天都在煮饭带孩子，没什么长处，但也许对方生活上正急需找一个厨师或保姆。或者，不需要任何长处，光是冲着你比对方年轻二十岁，对方就相信你来日方长，将来一定在某个状况下能帮得上他的忙。

我相信，除了这些秘诀，你一定也会渐渐体会出你的求助独门秘诀。

我们跟别人通常不会只来往一次，所以有一些比较狡猾像陷阱那样搞到对方不得不帮忙的伎俩，除非不得已，还是建议别用。

对方上了一次当，脖子被勒住地帮了你一次忙，你却永远失去了交这个朋友的机会。

找人帮忙是可以交到朋友的，因为你在找他的时候，就已经表示你懂得欣赏对方的好。而如果你被帮忙之后，也表现出了令他欣赏的特质，你们就会成为朋友。

所以请别再误会，用对的方法找人帮忙，不但不会有损失，反而有助于交到朋友。

17

借取别人的力量，让自己活得更好

随便选一样架上的货品，跟店员询问货品的用途。
今天只去一家店，明天去两家店，……渐渐就会发现
跟陌生人讲话不会死，变得没那么怕生了。

租了酒吧的空间，在下午卖咖啡的部落巫医打扮的老太太，除了煮咖啡，她也帮客人算算塔罗牌。

平常算塔罗牌的多半是女生，问的多半是感情，今天却来了一位壮到可以参加比赛的健美先生。健美先生的块头实在太大，相对显得头很小，给人一种头是另外P上去的错觉。

健美先生依照巫医老太太的指示闭目三十秒，心中默念需要解答的疑问，然后睁开眼抽了一张牌。

抽出来的这张牌，牌面上的图案是一个站着的天使，两手拿着两个金杯，正在把其中一个金杯的水，倒进另外一个金杯中。

“你抽的这张牌叫作‘节制’，但是请了解：塔罗牌的信息，不见得完全跟牌的名字有关。”

健美先生点点头，拿起咖啡喝了一口。在他巨大的手掌中，咖啡杯弱小得如同一朵立刻就要散开的玫瑰。

“你的疑问是什么？”老太太问。

“我有一个恩人，欠下巨额的债，他跑来找我借钱。我根本没有那么多钱，可是我还是想帮忙，报答他当年的恩情，我不知道该怎么办。”健美先生说。

老太太望着节制牌，沉吟了一会儿。

“这张牌有一个意思，是叫我们多多听取各方意见。走吧，我们去问问别人的意见。”老太太说。

“什么？我是来找你要答案的，你现在叫我去问别人，问谁呀？我要是有别人可以问，我还来找你干吗？”健美先生说。

“这张牌建议我们这样做，试试看有什么关系，难道问了别人，你的二头肌就会消失吗？”

老太太虽然衰老，可是气场很强，不由分说就抓住健美先生的手臂，往店外走去。两个人身形相差悬殊，仿佛是一个小女孩牵着一个大气球。

“我就知道，你这种大块头有时候根本很怕生，连跟陌生人讲话都会紧张。不用怕，老婆子替你开路，让我来替你问，等你觉得没问题了，再让你自己开口问。”

健美先生觉得老太太果然有两下子，自己真的很怕生，竟然被她一眼就看穿。

老太太先问了在街角卖花的大婶。

“在餐桌上多放一双筷子，告诉恩人：随时饿了，总还是有这么个吃饭的地方，这也是报恩啊。”卖花大婶说。

因为是老太太发问，健美先生只是在旁边听，也就不像平常那样会因为怕生而紧张。

老太太谢了大婶，拉着健美先生找下一个目标，没想到老太太竟然找了一个在站牌下等车的小学生。

老太太又把问题讲了一遍，健美先生缩在站牌的另一边听，他觉得问到小学生的头上，未免太丢脸，但老太太似乎一点也不觉得丢脸。

“他欠债是他的事，你要报恩是你的事。为什么要把两件事混在一起啊？”小学生说。

老太太听了，意味深长地看了健美先生一眼。健美先生有点意外，听到这样的答案，若有所悟，从站牌后面走出来，亲自向小学生道谢。小学生忽然被不知哪里冒出来的这么一个巨人的阴影完全笼罩住，吓了一大跳。

第三个目标。老太太走进路边一家当铺，打算问当铺的掌柜，她正要开口，健美先生表示他可以自己来问。

健美先生向掌柜问了这个问题，掌柜眯着眼睛，打量着健美先生。

“你这么壮，为什么不陪着你的恩人，去找他的债主谈判？如果债主怕了你，也许愿意宽限还钱的时间。如果债主根本不怕你，甚至要动拳脚动刀子，那你就替你的恩人挡几刀吧。”

当铺掌柜的回答很动作片，健美先生道了谢，一路沉思，跟着老太太回到了咖啡店里。

健美先生看到桌上仍然放着那张名叫节制的塔罗牌，他端详着牌面上的那位天使。

“原来手上拿着杯子，就是要邀请别人把水倒进来呀。”健美先生边说边对自己点了点头。

带上你的眼睛

怕生，当然会阻碍我们拓展人际关系。

但如同所有的习惯，既然是一步一步养成的，也就可以倒过来，一步一步地解除。

这就是为什么具备情商的人，不会故意放大恐惧，然后拿恐惧当成借口，接着就很理直气壮地自暴自弃，不采取任何行动。

怕生吗？一回生，二回就熟了。

如果觉得一开始就去百货商场，人多压力大，那就找一个小杂货店，随便选一样架上的货品，跟店员询问货品的用途。今天只去一家店，明天去两家店，这样过一星期，就不会再觉得百货商场人多压力大。可以去电器部门聊聊，再去寝具部门聊聊，渐渐就会发现跟陌生人讲话不会死，变得没那么怕生了。

至于卖咖啡的老太太，用一张塔罗牌作为引子，拿一件看似为难的事，去问几个局外人。有些心理学家把这个方法叫作“路边意见调查”，但其实这是再普通不过的事。我们就算没接触过心理学，也已经习惯在各种网络平台上询问陌生人的意见，那些在网络上回答我们的人，就如同健美先生去询问的陌生人一样，确实能提供我们自己没想到的角度。但很可惜的是，这些人在网络上跟我们匆匆擦肩而过，他们一次性的回答，很难深化成我们随身的装备——能够不要一次就丢、随时戴上就能够转换我们视野的、一副一副足以供我们校对人生方向的眼镜。

生活中困难的选择会一直出现，如果身边有人可以不只是一次性回答，而是让我们能够在不知如何是好时，借取他们的眼睛看出去，用他们的角度来想象：如果是他们遇到这样的事，会怎么选择？那么，这些人就是我们的良师益友。

这就是人际关系的追求：借取别人的力量，让自己活得更好。

来自高盛 CEO 的建议：跟有企图心的人在一起

很多人知道，训练自己具备了“同理心”之后，跟别人交流会比较成功，这当然是真的。谈生意时知道对方要的是什么，吵架时知道对方要的是什么，跟绑架犯讲电话时知道对方要的是什么，当然都大有帮助。

但具备同理心，得到最多帮助的，其实是我们自己。一旦我们找到了常常值得聆听的人，我们的同理心会成为一把钥匙，让我们在需要时能够坐进对方的驾驶舱，模拟着，如果是他们遇到同样的问题，他们会怎么做。

我们的视野会因此拓宽，心智会因此成长，这就是交到好的朋友的神奇之处。

如果身边都是狐朋狗友，那我们能够代入的，就是狐跟狗的视野，能够借由他们的狐眼睛或狗眼睛看到的目标，就是狐爱吃的雀兔或狗爱吃的狗罐头。

人际关系的品位，确实有高下之别。

追求人际关系，当然不是为了取悦别人，而是为了成全自己。

世界最大投资银行之一高盛集团的现任老大，贝兰克梵（Blankfein），出生在纽约的低收入区，他父亲的工作是为邮件分类。他在一场对大学毕业生的演讲中建议的重点是“试着跟有企图心的人混在一起……把自己放在这样的氛围里：不只你推动自己，身边亲近的其他人也会推动你前进”。

找到自己喜欢的事，用尽全力狂奔

他是投资界老大，他所说的“有企图心”，很容易令我们立刻想到“爱赚钱”。但其实各种事都需要企图心。

找到你喜欢的事，如果找不到你喜欢的事，就找你喜欢的人，依循着这个你喜欢的人，顺藤摸瓜地去感受他的热情都投向了哪里。我们对很多事的热情，是被某个不断散发热情的人给点燃的。那个人也许不在我们身边，而是活在书中、传说中的遥远人物，但即使是与这么遥远的人建立某种单向的联系，依然是一种动人的、能够启发我们的人际关系啊。

如果找不到喜欢的事，找出真心讨厌的事，向反方向用力狂奔

很多人跟我说，找了很久，都找不出自己喜欢的事。对付这个状况，我想过一个做法：**如果一直找不出你真心喜欢的事，那就找出你真心讨厌的事，然后朝着这些事的反方向，用尽全力地狂奔。**

即使是这个听起来有点莫名其妙的做法，也是需要企图心的（因为很多人回答我，他们真心讨厌的事，正是“用尽全力地狂奔”，哈哈哈我真的是……），诚哉斯言，这些人并不是在闹我，是的，狂奔或其他所有会花力气的事，都需要企图心。

你如果能遇到这种虽然没什么明确方向、可是非常善于“往讨厌事物的反方向狂奔”的人，那也是遇上了很有企图心的人，跟他们混在一起，感受他们往反方向狂奔的热情，看看能不能跟他们一起跑。

真心喜欢的事，隐藏在各种线索里，一部你喜欢的电影、一本你喜欢的书、一个你喜欢的故事，最重要的，一个你喜欢的人，都是你的线索。

生命中遭遇的人，大部分都终究会在某一天退出我们的生命。那些具体的人走开了，但他们会留下各种线索、各种痕迹，引诱我们依循着去揭晓我们真心喜欢的事物。

18

交朋友，应该要越来越挑剔

抓到篮子里的不一定能做菜，有的洒了太多农药，

有的价格太贵，有的其实是罐头。

酒吧今天晚上的生意非常好，有八张小桌子被拼成了一大桌，桌边围了一大群打扮入时的男女喧哗笑闹，拍手唱着生日歌。过生日的人，是个大家都认识的明星，所以酒吧里各桌客人纷纷凑热闹举杯祝贺。

明星吹了蛋糕上的蜡烛，酒吧老板过去帮忙把蛋糕切开分送给所有的客人，明星动手挑出了所有蛋糕里面花色最漂亮的一块，上面的花色是电脑输出的明星那对有名上挑的凤眼。只见明星在老板的耳朵边嘱咐了一句话，老板点了头，把这块最漂亮的蛋糕端过去给整个酒吧里唯一没有举杯祝贺明星的人——酒吧的常客、过气的节目主持人。

“人家特别指定把最漂亮的一块蛋糕送过来给你。”酒吧老板说。

主持人瞥了一眼蛋糕，夸张地吐了吐舌头。

“哦……他最有名的那对凤眼啊。”

“你们应该认识吧？”酒吧老板问。

“我们啊，曾经要好到不行，要好到两边的经纪人都警告我们，不要继续在公开场合碰面，避免再被编造各种故事。”

“这么熟，你怎么不坐到他那一桌去？”酒吧老板问。

“我们有一次吵了一架，就再也没有联络了。”

主持人说完，忽然站了起来。

“我想走了，我从你的后门走吧，蛋糕就麻烦你吃掉啰。”

主持人付了酒钱，就这样走掉了。

酒吧老板觉得很突兀，忍不住回头看看明星是否注意到发生了什么事，结果明星正忙着跟身边的人划酒拳，看起来很开心。那对凤眼无暇瞟向主持人落寞的背影。

再大盒的炸鸡，也有吃完的时候

是的，朋友会绝交，爱情会终止。世间万物，如果有开始，就会有结束。再怎么大盒的炸鸡，也有吃完的时候。

所谓的人际关系，当然不只有关系的开拓与维持，也有关系的结束。

社会学家算过，一个人的一生，能够称得上朋友的人，最多大概一百五十位。一开始手机被制造出来时，手机上的通信联络人的名额就设定是一百五十人，这当然包括了学校的朋友、工作上的朋友、生活上的朋友，以及家庭方面的朋友。一年五十二个星期，每星期得见三个，一年下来才能见到一百五十人。这还是每个朋友这一年都只见到一次，很少人有办法安排得了每星期见到三个朋友。这样一算就知道，这一百五十位朋友是亲还是疏，差距一定很大。我有些朋友每个月见一两次，有些朋友三五年都未必能见到一次。

几年下来，亲者越亲，疏者越疏，这是逃不掉的常规。你会交到新的朋友，他们会进入这一百五十人的名单，而他们挤进榜内的时候，就势必把某个人挤出了榜外。他们在榜内每上升一个名次，就势必有某个人下降一个名次（当然这只是一个说法，我们不用过于自我陶醉，你的朋友排行榜未必是什么热门的排行榜，挤进榜内也不见得有什么好处。排在榜上的第一名，说不定烦恼远多过荣耀，又要帮你搬家，又要听你诉苦，又要借你钱之类的）。

这里要说的重点是：任何人的人际关系，都不可能一律是强韧的，也没必要一律是强韧的，有很多关系脆弱到出乎我们自己意料。

这就是为什么朋友之间或情侣之间莫名其妙地吵了一架，可能关系就会戛然而止，或者就算没有戛然而止，也会渐渐淡去。

旧关系的结束，也许令人伤感，但却不必恐惧。朋友排行榜上空出来的位子，其实就是我们空出来的心力。我们原本之所以没有花费足够的心力去维系好旧有的关系，很可能就是因为这份旧关系没有带给我们足够的满足，像是所谓的鸡肋一样，食之无味，弃之可惜。（很多约好了的朋友聚会，虽然很期待，但出门前开始各种准备、化妆弄头发挑衣服之际，心里忍不住又会嫌麻烦，偷偷觉得聚会如果取消也不错，对不对？）

你如果主演了一部电影，上映的电影院只有一百五十个座位，你当然希望这一百五十个座位上的观众，每个人都聚精会神地观赏。如果有人占了一个位子，结果在打瞌睡，根本没有在欣赏你在电影中的精彩表现，那你很可能会希望他把这个位置让给其他对你更感兴趣的观众（当然说不定对方也巴不得早点离开电影院，他可能觉得这部电影很无聊，你演得很做作）。

人际关系，本来就是依据我们的需求而建立，而我们未必很清楚自己的需求。我们对很多事情的品味与感受，需要时间逐渐养成。

我们刚开始为自己买衣服选家具的时候，总会有一段时间都买错，莫名其妙就买了根本不适合的东西，要摸索一阵子才会选得比较准确。

交朋友其实也是这样，难免会判断错误，本来以为可以一直好好交往下去的朋友，渐渐地破绽百出，这个人在朋友排行榜上的名次当然就会逐渐下降。当我们感觉到自己在别人的排行榜上名次下降时，大概也是出了同样的状况。

我们值得好东西

生命中的人来来去去。没什么大不了。

但是，如果我们很不擅长交朋友，那我们生命中的人可能就只有去去去去去，而没有来来来来来，这样可是会断货的。

很多人会困扰，为什么越长大越难交朋友？为什么小时候好像交朋友容易得多？

最普遍的说法是，我们小时候没有那么在乎面子，对朋友没有很功利的要求，也没有太在意学历、阶级、门户这些东西（大家都才念小学，应该也还没有立场在乎学历吧？倒是有些家长很爱比幼儿园的昂贵程度）。

这些交朋友的门槛，都算是社会的门槛，但是从情商的角度来说，除了社会层面的门槛，也可以探索自己内在随着岁月推移，暗暗设下了什么交朋友的门槛。回想我们小时候，还不知道自己到底需要什么样的朋友，适合什么样的朋友，反正抓到篮子里的就是菜。

等到长大，我们越来越觉得，抓到篮子里的不一定能做菜，有的洒了太多农药，有的价格太贵，有的其实是蜡做的。

听起来是我们变挑剔了，但是**人越活，剩下的时间越少，能用的心力也越少，在交朋友这种事情上，当然应该要越变越挑剔**。

好东西总是罕见，所以才珍贵。想要成为一个有资格挑朋友的人，前提当然是要很会交朋友。有了足够的数量，才谈得上挑剔。要是什么新朋友都交不到，只是一味地淘汰旧朋友，那么篮子里当然越来越空，不要说是好菜，根本什么菜都没有，最后当然就会饿肚子。

交朋友的能力，给了我们说不的权利。我们渐渐懂得对不适合的友谊说“不”。我们也不再错怪自己对交朋友太挑剔，反而会期待遇到新的朋友。（当然，当我们遭到别人淘汰时，我们也最好能趁机检查一下自己是不是一个很失职的朋友：完全没有表达过关心？一再利用对方？答应的事没做到？“偷吃”了对方的伴侣？……）

人际关系就是我们的生活，即使爱因斯坦也需要进顶尖的研究机构，与古今的天才们神交切磋。不少智商极高的神童，长大后活得落寞，没有达成任何杰出成就，都是因为没办法跟人好好相处，没有机会让身边的人共同来成全自己。

所有的事情都需要跟实体或是虚拟的别人一起完成。搞不定人，就搞不定人生。所以，我们当然要相信在人际关系上，我们值得好东西，不能捡到篮子里的就是菜。

而值得好东西的前提是：我们要让自己认得出好东西，而且让好东西出现在我们够得着的地方，这就是为什么我们需要交朋友的能力。

就算不学，你也一样会变老

所有离开学校就停止学习的人，都是放弃的人，既放弃了对抗生命的残酷，也放弃了攫取生命的乐趣。

以为凭着上学那几年在教室学到的东西，就足以应付人生的需求？就足以享受人生的变化？别闹了，当然不可能。

上学时，我们完全相信各种能力都要靠学习才可能得到。我们乖乖背下九九乘法表，而不至于幻想九九乘法表会像肚子里的油一样，自动出现在我们体内。学会乘法表，我们取得计算能力；学会看地图，取得理解地图能力、规划路线能力。我们坚定不移地相信靠着学习，而不是靠着空想，不是靠着顺其自然，去取得各种能力。

荒谬的是，一离开学校，我们就把学习抛在脑后，仿佛从此需要用到的各种能力，只要靠着跟人八卦、上网搜寻、发呆空想，就能顺手拾来。尤其是面对爱情、亲情、友情时，我们更热爱“顺其自然”，理所当然地觉得虽然是我们切身至关重要之事，但并没有我们插手的余地，交给自然，听天由命就好。

要学到能力，包括处理人际关系的能力，跟背九九乘法表或认地图一样，需要学习，也需要练习。

最重要的是，学习就是活着的乐趣，是在日复一日的生活当中，能不断提供新乐趣的唯一方法。

恋爱需要学习，交友也需要学习，因为会遇到的每一个令我们动心的人，都是活生生的、会变化的人，不是课本上的印好就不会再变的字，不是算数里的死板的公式，背完就了事。那些人身上如果没有引起我们好奇进而想探索的特质，我们是不会动心的。而每一次的好奇进而想探索，都是又一次的学习啊。

常常听到有人说：“我都几岁了，现在才开始学，也太老了。”

不管这人动念想学的是德文，是开刀，还是写程序，都会听到这种“现在开始已经太老”的论调。

对于这种论调，我只有一个回答：

“学吧，就算不学，你也一样在变老的。”

19

人际关系
不是我们的主人，
我们才是
人际关系的主人

怎么做才算是情绪的主人呢？

酒吧的吧台，很适合单身来喝酒的人，进可攻，退可守，想认识新朋友也有机会，想一个人喝闷酒也 OK。

今晚吧台的人口分布很奇妙，竟然有六位单身男女很整齐地穿插而坐，而且穿着颜色搭配得宛如彩虹，红橙黄绿蓝紫，男女，男女，男女。

独自坐在吧台一角的常客过气主持人，看看这三男三女，明明各自都很想认识旁边的人，却又都很矜持，终于忍不住技痒，想助一臂之力，于是仗着略有酒意，对这三男三女开口。

“闲着也是闲着，我们来玩个游戏如何？”主持人说。

这三男三女发现是名人，虽然是过气的名人，总是聊胜于无，好歹胜在脸熟，于是六人还是很捧场地喜形于色，抢着要合照。

一阵忙乱总算拍完照，主持人不忘职责，首先指向红衣服的男生说：

“就由你先开始吧，你看看黄衣服的男生，说一个你比他强的地方。”

红衣男打量了黄衣男两秒。

“他有近视眼，我没有。”红衣男说。

黄衣男不自在地推了推眼镜。

主持人改为指向黄衣男。

“换你了，你觉得你比蓝色衣服的男生强在哪里？”

黄衣男看了看蓝衣男，说：

“他穿西装裤，却配了白袜子。”

大家不免立刻看向蓝衣男的白袜子，连蓝衣男也看向自己的白袜子。

“……西装裤……不可以配白袜子吗……？”蓝衣男小声咕哝着。

大家开始有了嬉笑声，而同时三个女生也忍不住开始默默地打量彼此……以防等一下被主持人点到。

没想到主持人看着紫衣女，却换了一个问法。

“你要跟穿绿衣服的女生比一下，讲一个你比她弱的地方。”主持人说。

本来已经想好要讲对方弱点的紫衣女，没有想到问题转向，她看了看绿衣女，想了一下，笑嘻嘻地说：

“我觉得她的力气比我大很多，她看起来可以自己换轮胎。”

大家都笑了，绿衣女也笑着回嘴：

“我才没有自己换轮胎咧，你才可以把整辆卡车抬起来吧。”

主持人看看已经破冰了，功成身退，溜去角落的小桌子旁坐，留下开始互相聊天的三男三女。

你没有气到当下把猫掐死，已经算是做到情绪的主人了

讲情商的人，常常提到一句话："情绪不是我们的主人，我们才是情绪的主人。"

这句话听起来很好懂，可是真正要做到的话，怎么做才算是情绪的主人呢？

我每次听到这句话，脑中浮现的图像，永远是漫画里那些超能力者，一有人惹他们生气，就从眼睛里喷出电光，把对方化为灰烬，或者是张开手臂，猛翻白眼，呼唤龙卷风降临，把对方吹得妆花发乱裙子整个盖住脸。

这样一有情绪就能示威，才配称为做情绪的主人，才叫过瘾吧。

想想也许很过瘾，但世上根本没有这种事。

你的猫把真皮沙发抓个稀巴烂，你指着你的猫大发雷霆，就算再怎么翻白眼，也呼唤不来一丝微风，连电风扇还是要靠你手动才打开。而你的猫更是从头到尾看都不看你一眼，悠哉悠哉地跑去破烂的沙发上打盹。

这时候你只好调整呼吸，鼓励自己，多想想这只猫的可爱之处，等情绪终于渐渐平复之后，你又默默开始准备猫食。

你没有气到当下把猫掐死，这就已经算是做到情绪的主人了，是有点凄凉，但也没什么好沮丧，大家都只能做到这样。

当你想要做主人的时候，请立刻反射式地想到要"主动"。

主人，主动。主人，主动。

不主动，就别想当主人。

我们忍不住拿自己跟别人做比较的时候，往往是被动的。

别人丢出了爆竹，我们被点燃；别人展现出成果，我们被刺激。我们完全处于被动。

同学穿了双新球鞋，或是拎着新买的包包来上课；同事在情人节收到大把玫瑰，而我们连一棵白菜都没收到；社交平台上看到朋友去欧洲玩了一个月，放了八百张旅游照片，巨细靡遗地报告吃了什么、买了什么、住了什么酒店、骑了什么动物……这些都是别人令我们受到刺激。我们本来没觉得我们的鞋怎么了、包怎么了，也根本没有打算过什么情人节或去欧洲度假，但只要身边的人一刺激我们，我们忽然就被动地被推上了擂台，跟对方比这个比那个，比不过就又嫉妒又自卑，觉得自己很没用。

在这种时刻，我们轻易就让情绪变成了我们的主人，控制住我们，难以自拔。

这完全不值得，等于是二十四小时站在足球场上当守门员，随便哪一秒有人踢球过来，都要接住，接不住可能肚子或脸上就要挨球砸，不但全年无休，而且还无酬，只有傻子才愿意承担的差事，你我却都毫不质疑地就这样承担了？

如果觉得自己并没有这么傻，就别再纵容自己这样活。

要主动地由自己来决定，踢过来的球当中，什么球值得接，什么球就随便它去。

主动才能当主人。
情绪不是我们的主人，我们才是情绪的主人。
人际关系不是我们的主人，我们才是人际关系的主人。

不要被想象中的评审或观众牵着鼻子走

在《为你自己活一次》这本书里，我用了不少篇幅分析嫉妒与自卑这些所谓的负面情绪与我们的关系。

能够帮助我们生存的情绪，才会一直伴随我们到今天。如果纯粹只是妨碍我们生存的东西，不管是器官还是情绪，都会在演化之中被淘汰。

嫉妒与自卑，被大多数人归类为负面情绪，但情绪是中性的，能够看到这种情绪的正面，它就是正面情绪；如果只能够看到这种情绪的负面，它就成了负面情绪。操之在你，而不在它，你是它的主人。

有人际关系，就会有比较。

既然我们把别人的生活当成参照的坐标，来校准我们的方向，那就一定会有对照与比较。我们开车时，一定会通过旁边车辆的速度来判断自己开得太慢或太快，这时也一定会看到别人的车比我们的旧还是新、便宜还是贵。

有些人说，爸妈过于成功，会给小孩巨大的压力，这当然就是因为小孩也在跟爸妈比较。我们阅读名人传记，看看名人跟我们同年龄时在做些什么，这也是比较。

比不过，会带来嫉妒或自卑，这是情绪，值得恰如其分地感受。然后，这份情绪是否能够产生有助于我们活下去的动力，这个决定权在我们。

如同主持人在酒吧里跟三男三女所玩的游戏，跟别人比较是免不了的，但是要比较什么，要如何看待比较的结果，这是我们的选择。如果连这样的选择都做不出来，我们就是完全被动地任人宰割。人际关系成了我们的主人，我们被人际关系搞得捉襟见肘、疲于奔命。

想要增加自信时，跟别人比我们比较强的地方；而想要增加斗志时，就跟别人比我们比较弱的地方。把这事想成打游戏时，游戏让你自己选择要打容易的关还是艰难的关。有斗志的人，当然会选择艰难的关。已经知道一定能打赢的关，应该只有为了累计分数赚金币才会去打啊，不然有什么乐趣。

也许有人会担心，这样避重就轻，是否过于自得其乐？

坦率地看，情商就是要自得其乐。

如果我们不自得其乐，难道永远要指望别人来逗我们乐吗？那

要等到哪一天？如果别人老是不来逗我们乐，我们怎么办？难道就哭吗？

请别以为这种主动的能力还需要额外训练，我们其实早已在使用这种能力了。我们要比较收入时，绝对不会去跟世界首富比，只会选条件跟我们差不多的人来比；我们要比较伴侣的高下时，也不会去跟好莱坞的明星比，而是选认识的人的伴侣来比。我们一直都隐隐控制着比较的规格、参赛的等级，不会任性地全世界乱比，把自己逼到没路走，逼到感觉这条命不值得活下去。

既然早已懂得选择比较的对象，那就一定也能选择比较的项目，以及更重要的——选择跟别人比较的原因，为什么而比，比了以后要干吗。

我们已经注定要活在这个运动场上，注定会有比分，那就在所有可以选择的项目上，都不要放弃主动选择的权利，不要被想象中的评审或观众牵着鼻子走。

多给自己一个选项

我在一个日本精神科医师的网页上看到一段话，他说他常给压力太大的人一个简单的建议：

“减少压力唯一的方法，就是放手……放掉‘事情非如此不可’的想法，……你会发现可以放手的事很多，但最后会留下无论如何都放不掉的事，那些放不掉的事，就是你活下去的理由。”

很多精神科医师都会叫人要放手，可是这段话不一样。不一样的地方在于结尾，他除了叫人放手，还多给了一个选项：当然会有怎么样都放不了手的事情，那些就是活下去的理由。

他多给了这么一个选项，听的人就得到了选择的机会，可以选择放或不放。而可以做选择，正是成为“主动者”的基础。

你叫小孩把桌上的食物都吃掉，小孩会觉得自己被强迫，因为毫无选择。如果跟小孩说，桌上的三样食物，可以选两样不吃，但剩下那一样，一定要吃完，小孩有了选择权，不再觉得是被迫，他会感受到采取主动的乐趣。

病人不用什么都放掉，但唯一那件怎么放都放不掉的事，会成为活下去的理由，这是医生把主动选择权交给了病人，而病人有选择的同时，也因而产生了责任感：做完选择之后，对选择的结果负责，对所谓活下去的理由负责。

成为主人，并不是成为颐指气使的大员外，而是在杂乱的状况中，主动整理出自己的优先顺序。

当你感觉到完全处于被动时，眼睛再看远一点，手再伸长一点，给自己多找一个选项出来，把毫无选择的被动处境，转为有选择的主动处境。

多给自己一个选项。想增加自信时，就选择跟别人比我们强的地方；想增加斗志时，就选择跟别人比我们弱的地方。

人际关系要为我们而存在，不是我们为人际关系而存在。

主动做选择，成为人际关系的主人。

20

用被动式讲话的你，是否习惯了扮演受害者呢？

把事情都推给别人，当然很轻松，
但造成的后果就是，我们越来越忽略自己
在很多事里其实是最关键的决定者。

“我被我朋友骗走了四十万……”坐在吧台前的胡子大叔，又像是在跟酒保讲话，又像是自言自语。

酒保叹了口气。

“喝慢一点，这个酒后劲很强。”

大叔面无表情地点点头，又举杯把面前的一整杯龙卷风都干了。

“然后就被我太太赶出来了，我太太说我是白痴，只会交烂朋友，她说她这个月都不要看到我。”

“前面转弯就有一家小旅馆。”酒保说。

大叔总算抬起眼来，看着酒保。

“你说，我是不是被世界抛弃了？我是不是快要从这辆你们都还在开心玩乐的世界号特快车上面被扔下车了？”

过了半小时，大叔摇摇晃晃地走出酒吧，也不知道是不是真的要去住旅馆。

大叔走出去了，进来一个大姐。

大姐一屁股坐在吧台，叹了口气。

“我朋友开店，我帮忙投了四十万，一个月店就收了，四十万没了。”

“想喝什么呢？”酒保问。

“有毒药就喝毒药，没毒药就喝威士忌吧。”

“毒药有，可是那是老板留给我们员工喝的。你是客人，喝威士忌吧。”

酒保动手削威士忌用的大冰球。

“我先生说我是白痴，只会交烂朋友，他气得说他这个月都不要看到我，刚好我也不想听他啰唆，今晚住旅馆得了。”

“前面转弯就有一家小旅馆。”酒保说。

“你说，我是不是全世界最笨的笨蛋？”

“讨厌”与“欠揍”，虽然听起来霸道，骨子里还是完全的被动

大叔跟大姐，说的是不是同样的故事？

表面上看起来是同样的故事，可是像你这么聪明的人，多看一眼就知道：发生的事情一样，可是故事不一样。

大叔讲故事，每一句都是被动式：“我被骗”“我被赶出来”“我被抛弃被扔下车”。

大叔讲的故事，是一个被动的故事。

而大姐讲故事，没有用被动式，大姐讲的都是：“我这样”“我

那样”。

大姐讲的故事，是一个主动的故事。

我猜大叔跟大姐都没有意识到自己是怎么讲故事给别人听的，就像你我也几乎不会意识到这件事一样。

如果你现在上我的节目，讲个故事给我听，比方说你要讲的是：你同学或同事最近又做了什么讨厌的事。

你要不要现在就在脑子里转一下，看看你会怎么讲这个故事？

我先来试一下哦。

“坐我旁边那个家伙的头好臭，还老是大声放屁，根本就是想逼我换位子！真讨人厌。”“每个月都换一个男朋友。她以为自己很迷人吗？恶心死了，超欠揍。”

这样的叙述句，随时都可以看到，直到这一秒为止，你一定觉得这么普通的东西，有什么好探讨？

既然要聊别人跟自己的关系，就探讨一下其中隐藏的对人对己的态度吧。

“讨厌”“欠揍”“这可是你逼我的”“他们摆明了就是要惹我翻脸”……这些字句的共同特色就是：我本来好好的，都是别人来惹我。

“讨厌”跟“欠揍”这两个词，多么精确地传达出：不是我要厌恶你，是你来跟我讨，我才赏给你我的厌恶。不是我要揍你，是你欠我，我只好勉为其难责无旁贷地揍你。

反正，讲来讲去，都是别人的错。

“讨厌”与“欠揍”，虽然语气听起来很霸道，但表面霸道，骨子里还是完全的被动。为什么我们总是会被别人招惹到？为什么路过的人，十个里有八个会踩到我的脚？除了是别人的问题，当然也是我的问题。

你可能觉得，所有人都讲“讨厌”跟“欠揍”，这没什么特别吧？

不过我在《说话之道》那本书里，讲过我小小的想法：“我们说什么样的话，我们就是什么样的人。”

只是我们很少察觉而已。

有人一直吸鼻子，我们会立刻判断他鼻子过敏。那如果有人讲自己的故事，却总是不自觉地在用被动式的讲法，我们也会根据这个来判断他在人际关系方面的被动。

明白自己的需求，才能做出恰如其分的安排

是啊，人生很多事情本来就是被动的，鸽子飞过头顶，把屎拉在我们头上，这总不可能是我们主动把头凑上去的。所以我们会说“遭遇”，遭到什么、遇到什么，都由不得我们。

如果常常脱口而出就是被动句，这可能意味着我们不想承担我们所做的选择。

比如我们选择了翘课，等到这一科考试不过关，我们说我们被老师挂了科，而不说是我们选择不念书。把事情都推给别人，当然很轻松，但造成的后果就是，我们越来越忽略自己在很多事里其实是最关键的决定者。

我在讲情商的时候，先讲“明白”，再讲“刚刚好”，因为前面如果没有明白，后面就做不到刚刚好。

当我们谈论人际关系的时候，先弄明白我们为什么要跟这个人有关系，为什么要继续维持关系，弄明白了以后，才会知道我们要怎么面对这一份关系，才可能做得到刚刚好。

有个开玩笑的说法，说如果你交不到朋友，就去找一个女神或男神级的对象告白，这个被你告白的“神”，出于教养，不好意思说“你滚”，只好委婉地说：“不好意思，不如这样，我们还是做朋友吧。”于是你瞬间就交到了一个朋友。

这当然就是一个“不明白”的人的悲惨故事，如果真有人靠这么惨的招数交到了朋友，怎么可能满足对朋友关系的期望？

有的人跟伴侣分手之后，选择完全不要再联络，因为她明白，她所需要的跟对方的关系，必须是爱情关系，如果没有办法维持爱情关系，她就不要再跟这个人有瓜葛。而有一些人选择在分手之后维持朋友的关系，这是因为双方很珍惜彼此的互相理解、互相关心，选择把这份理解与关心转移为友谊的基础。这两种不同的选择，都是因为明白对这份关系的需求，而做出了自己觉得恰如其分的安排。

电影《一天》（*One Day*）里，女主角对男生说出了那句有名的台词："我仍然很爱你，我只是不再喜欢你了。"这也是一句心态很明白的话。**只有弄明白自己对于这一段人际关系的需求，才会知道是要继续这一段关系，还是转化这段关系，或者是结束这段关系。**

很想吃一家店的牛肉面，但店里已经不再供应牛肉面的时候，有的人会依然坐下来，改吃雪菜肉丝面，有的人会换餐厅去吃牛排或是意大利面。明白自己的需求，才能根据这个需求，找出弹性处理的空间。

"你为什么只长到一百五十公分？是故意要惹我生气吗？"

你如果习惯用被动式讲话，可以趁这个机会想一下：在你的人际关系里面，你是否总是期待别人的照顾、期待命运的成全、期待全世界的配合，而不是期待自己走一步算一步地往目标靠近？

在人际关系里，对别人有期望，完全合理，但请不要拿对别人的期望，来豁免自己的责任。

如果脱口而出："你老是把房间搞这么乱，是不是一定要逼我生气你才开心？"这时要警觉：这是我们在把自己的标准强加在别人的生活上，却反而怪罪对方不符合这个标准。

我们不能因为自己长到一百八十公分高，就跑去对一百五十公分高的人说："你为什么老是只长到一百五十公分？你就不能再长高一点吗？你这是故意要惹我生气吗？"这样当然是无理取闹。

在描述人际关系的时候，一味地使用被动语句，很可能会变得逃避责任成性而习惯了扮演受害者，或是需索无度而变成一个暴君。

可以想象，这都会搞砸我们的人际关系。

别人跟我们维持关系，是期望我们好好当一个人，而不是一下当爱哭的小虫，一下又当喷火的恶龙。

WHALE

21

为什么我们说爱一个人，有功力高下之别？

百忙中出来为客人讲解菜肴的精妙之处，
这当然是主厨对客人的付出，
不过，等到听完，菜已经冷了。

一家酒吧只要开得够久，见多识广，过尽千帆，那么，客人在酒吧里面拿出什么东西来，都没有人会觉得奇怪。

不过当这位客人从背包里拿出这样东西，郑重其事地打开来时，正在调酒的酒吧老板还是忍不住挑了挑眉毛。

这位穿着窄裙套装的客人，她拿出来的，是一个便当。

她点的调酒是新加坡司令，老板把酒端给她时，顺便也给了她一杯水，祝她用餐愉快，她也就怡然自得地吃起了她的便当。

“其实店里也卖吃的，像是三明治啊，又甜又辣的蛋饼啊什么的，我们都不自己带便当来的。”酒吧里的常客、过气的节目主持人凑过去说。

窄裙女笑了出来。

“我不是故意要来这里吃便当，这是我先生做给我吃的。我今天开会开了一整天，根本没空吃便当，但又不舍得倒掉……来，这块排骨给你吃，我一个人吃不了。”

“那你就把完整的便当带回去，让你先生知道，你根本没空吃，他明天就不用再做便当给你带了啊。”

“这样不是等于泼他冷水？”

“起码他就可以把时间花在别的事情上。”

“其实以前我跟前任在一起时，都是我做便当给他们吃，他们如果根本没吃，我会很不开心，觉得心血被忽视。”窄裙女说，“没想到有一天也能够轮到我没空吃另一半做的便当，还怕对方伤心。哈哈哈哈……”

“如果他不做便当了，你希望他把那个时间拿去做什么？”

窄裙女想了一下。

“他可以去把英文学好，他如果把英文学好，我会更高兴，比吃便当高兴。”

平常超酷的酒保忽然走过来，手上拿了根叉子，直接就把窄裙女便当里的炸卤蛋叉走。他显然觊觎这颗炸卤蛋很久，终于没忍住，千里迢迢穿州越府地过来把炸卤蛋给劫走。

“学英文，那是成就他自己，跟做便当给你吃是两回事。做便当，他才会觉得他是在付出，是在为你们俩的关系奉献他的心力。”酒保说完，把整颗炸卤蛋塞进嘴巴里，扬长而去。

为你付出了那么多，你却没有感动过

在人际关系里面，我们的付出，是不是能够对得准对方的需要？

有些讲究的餐厅，主厨做了精致的菜肴送上桌来，主厨本人还要特地从厨房出来，在桌边为客人讲解这道菜的精妙之处。

这当然是主厨对客人的付出，又要做好菜，还要百忙中从厨房出来讲菜。我们做客人的，理当尊重主厨，专注地把讲解听完。不过，等到听完，菜已经冷了。

主厨的付出，没有对准客人想趁热吃菜的需求。

我做节目最好的搭档小 S 生第一个孩子的时候，我觉得千载难逢兹事体大（谁知道她会接着又再生了两个），想送一个难得一点的礼物，我在家里搜来搜去，搜出一个汉朝的玉坠子，雕刻的是一个婴儿的模样。这块玉的模样很古雅，应该不是小 S 家里会有的东西，我就把它当小孩的满月礼送出去了。

过了一年，我跟小 S 聊天的时候，她跟我说完全不记得有这回事，不记得有这样东西。

运气好的话，我猜这块玉就卡在某一个抽屉缝里，几十年之后再见天日。运气不好的话，可能已经被当成一块从旅馆拿回来的用过的小肥皂，丢掉了。

粉丝送给偶像的礼物，往往更费心血。厚厚一整本笔记簿贴满了偶像的照片，每张照片还附一段手写的文字，亲手用纸折成的小星星装满了比柯基犬还大的一整罐。每天上课偷偷在底下打毛线打出来一条可以把脖子围三圈的长围巾，上面还织出了偶像与自己的名字。

粉丝心里也知道，自己爱的偶像那么受欢迎，光一天就不知道要收到多少份礼物，但那不相干。不送出去，偶像就无从知道自己的这份心意；送出去了，起码就有了被偶像注意到的机会。而且这种事情，对得起自己的心最重要，如果这种事还计较什么效率，那根本就不懂爱。

暂时放开粉丝这种“只问付出，不问收获”的情怀不谈，在一般的人际关系里，有关付出的，我们最常听到的一句台词就是：“我付出了这么多，结果我得到什么？”

很显然，大家对于自己的付出，在乎的不是有没有对准，而是有没有得到回报。

太多人赞赏判断错误的努力，太少人赞赏判断正确的放弃

我一直觉得：

太多人赞赏判断错误的努力，太少人赞赏判断正确的放弃。

没有对准对方需求的付出，对方等于没收到，那就很难有回报。拿槌往错的方向去敲锣，结果没敲到锣，当然听不到响声。

且更糟的状况是，对方不只是收不到，甚至觉得是干扰。槌没敲到锣，反而敲到头。

我们长大以后，不管是忙学业、忙工作，还是忙应酬，要忙到几点钟回家，自然有我们自己的判断。如果已经告诉妈妈，请妈妈不要熬夜等门，应该已经算是完成了对这件小事的沟通。

可是，往往当我们在半夜两点回到家的时候，会发现在沙发上打盹的妈妈，被我们的开门声惊醒，从沙发上跳起来迎接我们，同

时附赠一顿数落。

妈妈硬是要熬夜等门，付出了担心，付出了体力，睡沙发可能还付出了筋骨，但我们没办法回报这一份付出。因为我们已经告诉了妈妈我们的需求，我们当晚必须忙到很晚。然而妈妈基于她的原因，决定忽视这个通知，不接球，让沟通落空，仍然依照她想要的方式付出。

这当然就是为什么当我们想要大醉一场的时候，通常不会找妈妈，而是找好朋友去酒吧（你当然也可以同时找你妈跟你好友一起去，这样你的好友可能只会乖乖点一杯热牛奶）。

妈妈的第一需求是要维护我们好好活着，喝醉酒对好好活着没帮助，所以妈妈付出各种努力，不让我们喝醉。从生存的角度来说，这确实是为了我们好，但妈妈的付出是基于妈妈自己的需求，而没有打算考虑我们的需求。

好友跟妈妈不同。好友不会觉得对我们有什么付出的义务，也不会像妈妈那样，觉得我们的生存是世上最重要的事。好友觉得我们想喝醉，就陪我们喝醉。喝到吐也没什么，只要把我们安全送回家就好。如果好友也烂醉，那就只好各自凭本事回家，但喝酒不要开车啦。

爱一个人，有功力高下之别

假设在人际关系里，你的付出常常换不来你所期待的回报。你可以往上游眺望一眼，看看你的付出，是基于你自己的需求，还是你所判断的对方的需求？

爱一个人，有功力高下之别，所以我们才会说，某某人是一个很糟糕的爱人，而某某人甚至根本就不懂爱。

心理学上，把爱一个人的功力分成了四层。第一层，关注；第二层，看见；第三层，包容；第四层，成全。

粉丝爱一个偶像时，一定做得到第一层，很关注那个人。然而，是不是能够做到第二层，去看见偶像作为一个人的需求呢？粉丝有时候会对偶像失望，可能就是因为偶像只顾着依照自己的意思行动，而忽略了粉丝的需求。偶像暗地里结婚甚至有了小孩，粉丝知道后不能接受，这样的例子很多。如果发生这种情况，就表示粉丝对偶像的爱停留在第一层。

高下之别的关键，在第二层之后。当对方是我们的伴侣或家人时，我们看见了对方的需求，是把头转开视而不见，还是我们真的看见而且搞懂，进而包容与成全对方？

当然，我觉得第三层的包容与第四层的成全，在运气比较好的人生里才会发生，我们不会每个人运气都这么好。

如果对方有一些活见鬼的需求，我们可不打算又包容又成全，到头来把自己给整死。人际关系本来就是各种妥协互相成全，猪八戒、孙悟空跟唐僧如果是一家人，他们也许能够互相包容并成全对方，那是他们运气好。

在《哈利·波特》的故事里，大正派邓布利多校长，曾经是大反派伏地魔的老师，校长曾经重视这个学生，他关注也看见了这个学生的需求，可是这个学生的需求实在太活见鬼、太恐怖，校长当然就跟这个学生分道扬镳了。

我们祈祷自己别遇上伏地魔，然而世界上活见鬼的人很多，所以我们通过对情商的了解，追求明白，然后追求恰如其分。在第一层的关注与第二层的看见之后，我们要在第三层进行核对，核对我们的需求跟对方的需求有多大的差距。然后，我们恰如其分地面对这段关系。人是随时变化的，人的需求也会变。核对之后，如果必须走开，就只好走开，把对方与自己的人生空出来给更适合的人。

大家各自的人际关系，本来就是各为其主而存在，不值得本末倒置，让自己倒过来被人际关系拖着跑。

所以，暂且不要那么乐观地幻想一定会有包容与成全，把第三层跟第四层改一下，改实际一点。

第一层，关注；第二层，看见；第三层，核对；第四层，面对。

（老天保佑大家。）

22

当爸妈尝试对你进行威胁或利诱……

如果威胁与利诱的内容，不只是说说，

而是真的发生了，那又会怎么样呢？

酒吧要打烊了，再不打烊天都要亮了。

几乎每天都来的老客人，那个过气的节目主持人，喝得非常失控，整个人醉到上半身趴倒在吧台上，头完全抬不起来。

今天是老板自己在调酒，他用力地想要推醒主持人，主持人还是没有抬起头来，就这样把头埋着，模模糊糊地大着舌头说：

“你再推我，我就要到网络上去骂你……”

“骂我？你要骂我什么？”

“骂你……对老客人无情。”

“骂完又怎样？”

“再给你打个大叉，给你很多个差评。”

“你觉得你这样做，我的店会怎样？”

过气主持人终于抬起头来，目光涣散地望着老板。

“你的生意就会变不好……”

“我的生意一直都不好啊。”

主持人抬头四处看了看，果然只剩下自己一个人。

“我明天就带我的大批哥们儿，来给你捧场。”

“那我也不会发财呀，还是谢谢你啦，我给你叫辆车吧。”

老板给主持人叫了车，用很大的力气把主持人支撑起来，送上车去。

酒吧剩下老板自己，他收拾着桌椅，一边想着：开了酒吧这么多年，遇到各种耍派头的客人，这些客人总共也就两招，要不就是威胁，说要到外面去讲你的坏话，让你生意变差；要不就是利诱，说要替你拉更多客人来，让你多做生意。

不管对方是威胁还是利诱，目的就只有一个，要你觉得他是最重要的，是最不可或缺的。

刚开始遇到这样的客人，听了这种话，都还会当一回事，真的以为伺候好了就会发财，伺候差了就会倒闭。等时间久了，店里运营上了轨道，这样的客人也遇得多了以后，渐渐就学会了问一句话：“So what？”也就是：“那又会怎么样呢？”

冷静地面对爸妈的威逼利诱，时刻提醒自己“那又会怎么样呢？”

父母或伴侣也许是最重要的，是不可或缺的。

当父母或伴侣被我们气坏、想整治我们，终于脱口而出了威胁或者是利诱的话的时候，我们有什么办法让自己不要吓得发抖，不要什么条件都答应，而能够平静下来，面对他们的威胁利诱?

我们可以发挥想象力，想象一下爸爸妈妈的威胁或者利诱，会怎么样地改变我们的生活。也就是问自己那一句话:“如果威胁与利诱的内容，不只是说说，而是真的发生了，那又会怎么样呢? ”

当我们这样问自己的时候，首先我们会进入一个自己跟自己讨论事情的状态，这个状态比较容易让我们平静下来，因为这个问题会把我们拉到未来去，让我们暂时脱离气氛紧绷的现在。

人只要一登高望远，见到开阔的景象，心情就会放松下来。坐在江边，看着江中的帆船来来往往，才会产生“千帆过尽，无非是为名为利”的感慨。只要视角一拉远，原本为之困顿的原因，瞬间就变得不再那么沉重。电影里面拍杀人的戏，如果镜头大特写，鲜血在我们眼前乱喷，我们看戏的人就会觉得喘不过气来。但是如果把镜头拉得很远，每个人物都变得小小的、远远的，那不管杀人的手法再怎么血腥，我们成了远距离看戏的人，就不会再紧张，取而代之的，是观察者那种悲悯的感叹。

把距离拉远，把我们带离现场。这就是“那又会怎么样呢? ”这个疑问句的功能。

爸爸妈妈的利诱，通常是描绘美好的远景。

“你乖乖住在家里，三餐都有人照顾，不是很好吗? ”“你听我的话念这个系，将来多容易找工作。”“你嫁给这个人，就不用再上班啦。”“再多生一个，家里多热闹。”

这些利诱并不是不吸引人，只是可能要站在爸妈的立场，才会觉得吸引人。如果站在子女的立场，那就各自有各自“恕难从命”的一肚子苦水。

一旦利诱不成，往往威胁随之而至。

“你这样，妈妈要生气喽。”“以后都不给你买玩具了。”“你要不听话，就给我搬出去。”“你不把我当妈妈，我也不要你这个孩子了。”“你这样怎么对得起列祖列宗？”

反正这类台词表面变化很多，其实万变不离其宗或不离祖宗，连续剧三不五时就会冒出几句，给家长们提供灵感。

当爸爸妈妈说出这些话的时候，他们应该都是真的感觉到失望、痛苦、悲伤，或者愤怒，这是他们的情绪，我们想干涉也干涉不了，也没有资格干涉。

但如果我们因此而一起变得气急败坏，很慌乱地去面对父母的情绪，那可就浪费了重要的沟通机会。

剧烈的情绪起伏是很消耗能量的，爸妈费力地表达了情绪，如果换来的是小孩毫无章法的混乱反应，这些情绪就都浪费掉了。

费力表达了情绪，不但没有带来沟通，反而带来逃避，这当然是浪费。

面对父母或伴侣这么剧烈的情绪，如果还想要沟通，那就必须要镇定，要冷静，才不会浪费双方情绪的巨大付出。

把每一句父母或伴侣的威胁或者利诱，带到现场以外的地方去，拉远了推演看看，看看如果真的发生了那些威逼利诱，会对自己的生活造成什么样的改变。

如果造成的是物质上的改变，比方说，零用钱没了，或者要开始自己交房租了，或者遗产要泡汤了，那我们就只好掏掏口袋，看看我们吃不吃得消这个物质上的损失，吃不消的话，谈判的筹码当然就减少了。

筹码减少，不表示要放弃谈判，可是谈判的结果多半就不理想，只能达成我们期望的五分之一，甚至十分之一。但其实如果每次跟爸妈或伴侣的沟通，都能有十分之一的效率，已经是非常令人雀跃的成果。不过当然也要有心理准备，可能谈判下来，什么目标都达不成，零分，那也没办法怨恨对方，只该怨恨自己的筹码累积得不够。

借由这么一场谈判，能够认知到自己累积的筹码不够，这很划算，因此而能够警觉到，自己的愿望超过了自己的能力。

花果山的大王到了天庭去求官，结果，最多也只能够去喂马。越早领悟到自己的筹码不够，就会越早开始累积筹码，这对之后的谈判当然是有利的。

如果对方的威胁，不是改变物质，而是可以造成精神上的改变，比方说，妈妈或伴侣每天哭给你看，或者跟你冷战六个月，或者被爸爸断绝了父女关系，那我们先别急着在一片模糊中穷紧张。

姑且想象一下：第一，这个威胁就算发生了，具体是什么情况？第二，真的发生，可以有多少转圜的余地？第三，如果完全没有转圜的余地，我们吃得消吗？

不妨从最严重的一种开始想象，所谓“断绝父女关系或父子关系”，到底实际上是什么意思？是你不能够再继续姓你原来的姓吗？没有这样的法律条文。是你如果再叫一次对方爸爸，就会被枪毙吗？也没有这样的法律条文。我们最常见到的所谓断绝关系，其实就是双方不联络、不说话、不通信，实际上就是冷战。

冷战跟热战不一样，热战要消耗军火粮食，有时间压力。而冷战，没有时间上的压力，要搞多久就搞多久。

而时间有什么神奇的力量？这个你一定已经听过了：时间可以治愈一切。

“我要跟你断绝父女关系”≈“我爸还是不理我”

进行冷战的双方，其实都不知道这场冷战应该要持续多久，这恐怕是亲子或伴侣之间冷战的真正面貌。双方都不知道到底该怎么办，到底要达成什么战果，双方都只想把问题搁着不管，就是因为这样才会进行莫名其妙的冷战。

只要其中有一方，某一天忽然领悟到，他所要的战果到底是什么，他应该就会是终结冷战的那个人。

于是妈妈忽然某一天就拨了一通电话给女儿，也许是妈妈自己生病了，也许是妈妈辗转知道女儿生病了。这个电话一打，冷战也就结束了。

亲子之间冷战的奇特之处，就在于：往往要等到这场战争结束了，才发现这场战争是多么地不必要。因为这种冷战永远都不是为了解决问题，而是为了搁置问题。搁置一切就是冷战的基础，一旦能够面对，冷战就会结束。

这样的冷战，转圜的余地说大不大，说小不小，一通电话或者一张生日贺卡就能转圜的事情，不可能太严重，但当事人如果认真执行，一场冷战超过三年也是常有的事。

令人宽慰的是，人的心会变，每分钟都在改变，就算心自己不改变，身体的改变也会逼着心改变。你渐渐成熟，爸妈渐渐衰老，光是这样身体的改变，双方的心就一定会随之改变，转圜的契机也就因此来到。

双方僵持不下，那才叫冷战。**只要有一方停止冷战，就算另一方不理你，那也不能再叫冷战了，只能叫作"我爸还是不理我"，或"我妈还在生我的气"，传说中的"我要跟你断绝父女关系"，乍听之下非常恐怖，推演之后，大概就是这样**。肯定不愉快，但应该吃得消，到底会严重到什么程度，绝大部分可以操之在你。

不要夸张地一直联想到古装连续剧当中，父亲被气得当场狂喷鲜血，母亲当场跳井自杀那些画面来吓唬自己。只要我们训练自己使用“就算真的发生了，那又会怎么样呢？”这个疑问句，来面对爸妈或伴侣的威胁与利诱，镇定地认知自己拥有的筹码，同时也体会对方的处境，这场谈判总是会有一定的成绩。

没有战果的战争，有什么好打？

在养育孩子这件事情上，爸妈的付出一定超过孩子，爸妈人生剩下的时间也一定少于孩子。纯粹以不想白忙一场的角度来想象这件事，很少有爸妈会要摧毁自己的孩子。不管是断绝遗产还是断绝名分，恐怕都一定要有非常罕见的理由，爸妈才会认真要把孩子的人生丢到马桶里去冲掉啊（要冲，一开始就冲掉，大家都省事）。

如果不幸真的陷入了冷战，冷静地想想对方要什么。如果他们要的是面子，要的是台阶，要的是感恩，要的是道歉，这些很明显都是你完全给得起的东西，选一个时间，把这样东西给他们，而不要没完没了地冷战吧。

如果跟好友发生了冷战，也请比照处理。

对方宣战，不表示你要应战，你可以不战，更可以令对方发现：没有战的必要。只要让对方看见，这场想象中的战争，根本不会有任何战果可言。没有战果的战争，有什么好打？

23

有了自知之明就像练了上乘内功，心思清明百毒不侵

自己选好了引擎，装好了引擎，就不会让自己的车子空出一个大洞来，等着让上司、老师、三婶婆、二叔公七手八脚地来代替你把那个大洞给补上。

一个瘦而结实、只穿了运动紧身背心的男生，走进了酒吧，在吧台坐下。

吧台已经坐了一位假睫毛很长、穿着很火辣的美眉，看起来已经微醺。

“你手臂线条练得很好哦。”假睫毛妹说。

“谢谢，你的线条也很棒。”背心先生说。

“可是，你好像没怎么练腿……跟上半身比起来，腿看起来好细。”

背心先生没有料到假睫毛妹说话这么直率，稍微愣了一秒。

“你眼力真好，哈哈。”背心先生只好打个哈哈。

“你都穿紧身背心了，不好好看一下你，有点失礼吧。”

“结果被你看出破绽。”背心先生苦笑。

“男生腿粗一点好看啊，干吗不练腿？”

“哈哈，练腿很辛苦，练上半身效果比较明显，比练腿划算。”

“如果在游泳池，要穿游泳裤的话，就遮不住了。”

“反正我都是来酒吧交朋友，上半身够看就够了。等哪天我把腿也练好了，再去游泳池交朋友吧。”

话不投机，背心先生说完，就起身离开吧台，去找别的座位了。

确实，在酒吧坐着喝酒，又不起身跳舞，上半身线条好看，就足以吸引人了，配上酒吧的灯光与烟雾，背心先生很引人注目。

假睫毛妹的战术也很正确，配上酒吧的灯光与烟雾，假睫毛形成了迷人的阴影，别有一番风情。至于小姐的腿毛今天有没有刮干净，谁会注意到呢？又不是在游泳池。

虽然他们两个人话不投机，可是相信他们今晚还是很容易各自交到朋友的。

知道自己为什么做选择，别人的意见就没那么重要

如果去酒吧不是为了买醉，而是为了交朋友，自然会好好打扮，强调自己的优势，吸引别人的目光。

有些学生去学校打扮得很好看，会被老师责备：“学校是读书的地方，打扮成这样是要给谁看？”

问题是，学校明明就不只是读书的地方，绝大部分的大人都会鼓励小孩说：“到了学校要多交朋友哦。”不是吗？

既然学校也是交朋友的地方，打扮一下也是很应该的事吧。

打扮的基础是什么?

是“自知之明”。

知道自己的优势跟劣势，不盲目地跟随流行，谁管他本季流行什么色。

知道自己这次是为什么而打扮，是去面试一个慈善组织的工作?还是去参加前任的婚礼?（到底是谁会去参加前任的婚礼呀……）

背心先生知道自己身材的优势与劣势，也知道自己为什么而打扮。

所以虽然遇上了说话有点坦率的假睫毛妹，被看穿了自己的障眼法，还是很镇定，不至于意志动摇，夺门而逃，也不至于立刻冲到健身房去练腿。

拉朋友一起去逛街买衣服的人，分成两种：一种会询问朋友，把朋友的意见当回事；另一种会询问朋友，然后完全不把朋友的意见当回事。

那些不把朋友意见当回事的人，并不是不相信朋友的眼光，而是更相信自己的“自知之明”。他们知道自己为什么会选择这件衣服，打算要在什么场合穿，这个价钱是否合适自己的预算，衣橱里是不是就缺了这么一件。

如果一个人知道自己为什么做这个选择，别人的意见就没那么重要。

内功深厚的人还是会被偷袭，会中毒，会掉进陷阱，可是他活下来的机会比一般人大

跟人瞎聊天很开心，但如果是要交流价值观的话，有些人觉得“沟通”很困难。

要沟通的对象若是师长、上司或者长辈，往往还没有开始沟通，就觉得嘴软。

这一方面可能是真的很害怕对方，另一方面更可能是：自己虽然做了决定，可是根本没弄清楚这个决定是怎么来的。

要去哪个学校念书，要念什么科系，要做什么工作，要跟谁交往或结婚……每件事都需要做决定，可是这决定是怎么来的？

已经要开车上路了，结果把车子的引擎盖打开，发现里面根本没有引擎！这时候当然随便谁拿一个能用的引擎来装上，让车子能发动，事情就往前继续了，要怪只能怪原本是车主的这个人，谁叫他对车况这么没概念，连引擎都没有准备，当然也就失去了坚持己见的立场。

我常听别人称赞某人“内心强大”“气场强大”，讲得好像日常生活成了玄幻小说或武侠小说，其实说穿了，某人依靠的不是内心和气场，依靠的是头脑清楚，明白自己为什么做了这样的决定。

自己选好了引擎，装好了引擎，就不会让自己的车子空出一个

大洞来，等着让上司、老师、三婶婆、二叔公七手八脚地来代替你把那个大洞给补上。

只要从买衣服这么小的事情开始练习，培养自知之明，就不至于那么轻易被人言所动摇。

人言可畏吗？当然可畏，然而世上可畏之事，比比皆是，马路如虎口，地震说来就来，从被蛇咬到传染病，何者不可畏？

在这么多可畏的事当中，能够只靠着头脑清楚就足以克服的，正是“人言”，人言无非就是别人的意见。

头脑清楚，心思明白，就不会留下那么多大洞，容许别人的意见不断塞进来。

下次再担心沟通很困难的时候，不妨往上游眺望一眼，看看到底是沟通的对象很张牙舞爪，还是自己根本没有足够的内容可供双方沟通。如果自己有了扎实的内容，等着要跟对方沟通，是不是对方就变得没那么张牙舞爪了？或者说，对方还是张牙舞爪，可是拿你没辙了？

武侠小说里，内功深厚的人还是会被偷袭，会中毒，会掉进陷阱，可是他活下来的机会比一般人大。

内功是什么？内功就是情商，是做决定时的自知之明。不用蹲马步绑铅块，也不用赤手伸进大锅炒铁砂，练起来没那么多折磨，一旦练成，虽不足以完全对抗人言，但是活下来的机会，大多了。

战机双翼和尾翼上弹痕最多，为何沃尔德主张保护其他部位

讲到自知之明，想到一个故事。

第二次世界大战时，盟军的战机遭遇德军地对空子弹扫射。很多被子弹射到伤痕累累的战机，好不容易飞回基地。

基地的专家们研究弹痕，发现战机的双翼及尾翼中弹最多，于是决定要用金属来加强双翼跟尾翼的承受力。这时只有数学家沃尔德独排众议，他说："这些战机，虽然被射中这么多子弹，仍然能够飞回基地，表示双翼与尾翼中弹后活下来的几率很高。如果这些子弹是射在机身的其他部位，那些飞机就都坠毁了，飞不回来了。我们应该加强保护的，不是双翼与尾翼，而是其他的部位，其他的部位才是致命的部位。"

我们活着，任谁都会受到别人的伤害。不要分散心力去保护那些看起来中弹最多的部位，而是要集中心力去保护那些一旦中弹就会致命的部位。

自知之明，知道自己的脆弱，才会知道怎么把力气花在刀口上、把自己装备到坚强。

24

吵架同时身兼人际关系的炸弹与彩蛋

秘密说完之后，如果能够不引发心脏病，双方也还没有绝交，就会使双方之间的关系再升级，有一种免疫之后更强壮的意思。

酒吧的老板今天生日，他这个人不拘小节，生日也就在酒吧里随便过过。

几个常来酒吧的美女上班族，订了一个别出心裁的蛋糕，好像月球表面一样，一个洞一个洞的，酒保大展身手，在每个洞里都放上了一杯喷烟的鸡尾酒。老板吹蜡烛之前，被逼着把这些酒全都喝了。大概是不习惯一下子混着喝这么多种酒，老板比平常醉得快很多。

可是酒吧的老客人、过气的节目主持人，却没有上前来凑热闹，一个人默默地坐在角落喝闷酒，已经喝到醉了。

老板拿了块蛋糕，东倒西歪地送到了主持人的面前。老板讲话都已经大舌头了。

“心情不好？来，吃块蛋糕。”老板说。

“生日快乐啊。”主持人也是醉醺醺的，“其实，我有准备礼物。”

“那……还不赶快拿出来。”

“我不要。”主持人说，听起来在赌气。

“为什么不要？”

老板横竖是站不住了，顺势一屁股坐在主持人的对面。

“快……快把礼物拿出来。”

“拿出来干什么？反正你也不会当回事。”

“怎么可能不当回事，王牌主持人送的，谁敢不当回事？”

“你呀，我去年送你那只手表，你一次也没有戴过。”

“胡说，怎么可能！”

说时迟，那时快，主持人当下就把老板的手腕扭过来一看。

“你看，你又戴了那个混蛋送的表。”主持人说。

“你这是什么话？这个表是采矿公司的王董事长送的啊。”

“他还不算混蛋吗？他在你店里打过我，你忘了？”

“那是因为你笑他没见过世面啊。”老板说。

“他本来就没见过世面。全世界就只有你把他当个菩萨。你这家伙，装什么潇洒？其实根本只认得钱。”主持人不屑地甩开了老板的手腕，“就这么个手表，你戴了半年都不舍得拿下来。不就是比我送你的表，多贴了几块破钻皮吗？”

“你太过分了。”老板颤颤巍巍地扶着桌子站了起来，“你落魄了，就看不得别人好。你本来没那么可悲，你现在这样子，才真正叫作可悲。”

“你敢说我可悲？”

主持人猛地站起来，去抓老板手腕上的表。老板护着表，把主持人给甩开了。这下可好，两个上了年纪的醉鬼，竟然打架了。

美女上班族们赶快上来劝架，大家嬉笑成一团。

吵架，是双方关系的炸弹吗？是爆炸了就会伤及双方的炸弹吗？

不见得。

吵架往往是双方关系的彩蛋，会带来惊喜的彩蛋。

在我们的文化里，常常是关系越亲密的人，平常讲话口气越不好。虽然有点莫名其妙，可是这样也有好处，讲话凶巴巴的人，不觉得吵架是什么了不起的事。不像平时被轻声细语呵护惯了的温室花朵，一遭遇别人的大小声，立刻身心摧折泪如雨下……

要开口对别人说出自己的秘密，很难

人与人之间的交流，心理学上粗略地分了五个层次。

最浅的第一层，是打招呼。

几乎没有信息含量。“嘿，你来了。”完全是废话，对方当然来了，如果没来，怎么可能当着你的面跟你说话，又不是托梦。

第二层，交换一些无关痛痒的信息。

“这天可真热”“你看这车堵的”之类的，不算是废话，但讲了也等于没讲。

第三层，交换一些看法或观点。

“何必把钱都绑在房子上呢”“我看这两个人三年内一定离婚”之类的。大部分的社交谈话都会停留在第三层，我们跟大多数的人一辈子都维持在第三层的谈话上。

第四层，交换感受跟情绪。

“我真的不想再上学了”“这世界上根本不可能会有人了解我”之类的。人与人之间的交流，能够进展到第四层，通常就会被我们当成朋友了（偶尔，因为没有后续负担的关系，我们也会跟网络上遇到的陌生人，甚至是拨错电话时电话那一端的陌生人倾诉我们的感受。但这不是常态，有时候只是你被对方放在网络上的大头照或是好听的声音所引发了一些幻想而已）。

第五层，交换秘密。

“你大概很难想象，我十年前就生过小孩了”“我太太住院时，我跟那个病房的护士恋爱了”“我每星期都要吸七个人的血才能活下去"之类的。能够交换秘密的人，是人际关系里最亲密的人。

要开口对别人说出自己的秘密，很难。

喝酒的时候，玩的那些"真心话大冒险"的游戏，或者我们主持节目时，能够问出来的秘密，绝大部分是一些安全的秘密。"我的下巴是削骨削出来的""我跟那个明星交往过半年"，大概就是这个程度的秘密。

真正不可告人的秘密，威力很吓人。意大利电影《完美陌生人》：三对情侣和一个宅男吃一顿饭，所有人把手机掏出来，放在饭桌上，如果有来电或者信息，内容必须当下让全桌所有人知道。

结果这顿饭吃下来，秘密连环爆，一发不可收拾。

我们平常跟很要好的朋友相处，热烈交换着观念与感受，如果话题触及到一个你隐藏已久的秘密，你就算想告诉好友，也会忽然压力巨大。一个真正有秘密的人，光是想象那个场面，也能冒冷汗、头皮发麻。

通常因为不想处理说出秘密之后的尴尬或羞耻，我们都会把秘密又吞回去。

吵架让我们从秘密中解脱出来

可是吵架不一样，因为吵架的时候，我们口不择言。

讲道理是讲道理，吵架就不是讲道理，道理如果讲得通，哪还需要吵架呢？

总是因为情绪上被逼到退无可退，我们才会吵架。吵架的时候，理性把位子让给了情绪，而情绪可没有逻辑，不会去推演说了什么话会导致什么后果。

于是很多平日多有顾虑、说不出口的话，吵架的时候就冒出来了，有些秘密很具体："你儿子其实是我跟别人生的。""我前天说是去逛街，其实是去埋尸体。"都是足以引发心脏病的秘密。

另外有些秘密不是具体的事件，而是在吵架时，透露出"原来你是这样看我的"，像本篇一开始的酒吧老板跟过气主持人的吵架，就是这个路线。

秘密说完之后，如果能够不引发心脏病，双方也还没有绝交，就会使双方之间的关系再升级，有一种免疫之后更强壮的意思。

（有些绝交也只是暂时的，人生很长，就算绝交了三年才恢复，也依然可以算是暂时的。）

除了吵架，有些话是永远都说不出口的。
吵架同时身兼人际关系的炸弹与彩蛋啊。

25

准备一篇葬礼上的悼词，让人生的长假提早来临

蔡康永的情商课 2

因为这是你的人生

比时间更利落、更干脆的力量是什么？

是“死亡”。

酒吧的空间，早上租给蛋饼小哥卖早餐。

明明是一模一样的地方，在黑暗中的时候，跟被阳光照到的时候，竟然会完全不一样，就像我们的心。

夜间酒吧的常客、过气的节目主持人，今天竟然一早就出现，穿着几乎可以说是华丽的三件式西装，口袋丝巾、银色袖扣、雕花领带夹、长链怀表一应俱全，连头发也梳得一丝不苟。

蛋饼小哥亲手做的花生酱青辣椒蛋饼，已经在附近有了点名气。小哥有时晚上送蛋饼到酒吧，也曾经见过这位主持人，在晚上总是醉醺醺、满脸胡楂、东倒西歪，从来没看过对方，在早上竟然能有如此龙马精神的模样。

不过蛋饼小哥对演艺界人士有成见，看到过气主持人这样隆重打扮，不但丝毫没有为对方感到高兴，反而默默在心中感叹，觉得对方肯定是失业过久没有节目可主持，过度思念往日荣耀光景，而终于发疯了。

“小哥，来两份蛋饼，配你背后冰柜里的贵腐甜酒。”主持人说。

“哪有人这么早喝贵腐酒的？而且这些酒是酒吧老板的，轮不到我卖给你。”

“我晚上会跟老板结账。你把酒拿出来，我现在就是想庆祝。”

“庆祝什么？”

“我刚刚参加了一个葬礼，我现在心情很好。”

“果然是疯了。”蛋饼小哥在心中暗暗感叹。

小哥遵照主持人的意思，弄妥了两份蛋饼，倒好一杯贵腐酒。

“请问，参加完葬礼，有什么好庆祝的呢？”蛋饼小哥小心翼翼地问，很怕疯子忽然发狂。

主持人对小哥举杯示意，仰头把酒干了。

“因为，死掉的人其实是我十几年的敌人。我没有想到，这家伙死前竟然会事先指明要我去他的葬礼。我也没有想到，我还真的去了。我更没有想到，他会指定要我上台讲话。而我竟然也真的上台讲了话，讲完之后，我觉得必须庆祝。”

“庆祝你的敌人死了？”

“当然不是，我岂是如此心胸狭窄之人，我举杯是要庆祝我的发现：在我上台讲完话之后，我跟他终于不再是敌人了。”

死了，恩仇就断了，爱恨就算了

如果，我们长期被头痛、胃痛或者是背痛所困扰，那只要有一星期，这些痛竟然都完全没有发生，我们就会觉得这一星期好像在放假一样。

处理得很糟糕的人际关系，就像是这里或那里的痛，不发作就算了，偶尔发作了，总是很恼人。

如果可以把这些人际关系整理得平顺，谁会不愿意呢？谁会想三不五时，就被无法预料的痛所困扰？

如果有一天，这些人际关系的痛不再造访，那不就是人生的假期了吗？

为什么处理人际关系的时候，我们会处理得很糟糕？为什么往往是我们越在意的人际关系，我们就可能处理得越糟糕？

因为当我们越在意一段人际关系时，就越计较其中的各种得失：谁对了，谁错了？谁先对不起谁？谁应该先道歉？公平吗？值得吗？谁对谁比较好？谁的付出比谁多？

双方一直僵持不下的时候，只有仰仗比人类更高一层的力量，来摆平这段关系。

什么是比人类更高一层的力量？通常是“时间”。

时间够久，我们就会觉得累了，或者没意思了，于是我们跟自己说“算了”。不见得是什么智慧的增长，也不是我们变大方，只不过是时间拖太久，索然无味了，就算了。

比时间更利落、更干脆的力量是什么？

是“死亡”。

如果死的是你本人……呃……我们应该就不会有现在这段讨论，你应该就不会正在看这段文字，除非是有人把书烧给你（好啦好啦，我知道，但没事总是不妨练习一下开朗地面对死亡嘛）。

所以我们说的死亡，死的当然是对方，一旦知道对方死了，刹那之间会觉得，以前用尽全力、不断用拳头去敲的那扇总是紧闭的门，忽然消失不见了。这下再怎么用力敲，只是敲在空气上。

对方死了，这段关系里的恩仇就断了，爱恨就算了。不是我们愿意这样，是没办法，只好这样。

所以延伸出来的一个有点过分但非常有效的、整理人际关系的方法，就是想象我们要去参加对方的葬礼，而且要在葬礼上讲一段话。

▶ 就像是终于要离开学校的最后一天，回头看教室与操场一眼

你或许曾经亲身经历过，就算没有亲身经历过，应该也听过别人讲：见识过了死亡，经历过了生命的消失，会感觉自己在一夕之间长大不少。

小时候亲手把宠物的尸体埋进土中，接着可能是从小宠爱自己的某一位长辈过世，或者是班上的同学遭遇了意外。只要不是新闻里面那些遥远的、抽象的死亡数字，而是生活中听到、看到、碰触到死亡，就会免不了心头一凉，好像被人从温暖的小屋子里猛地拉出去，感受到刺痛面颊的狂风。

死亡会逼迫我们反省：之前一切的执着，有没有必要那么放不下？死亡会逼迫我们在想起一个人的时候，不只想到对方的可恶，也想到对方的可爱或可怜。

不管再怎么讨厌对方，如果在对方的葬礼上致辞，也就没有办法只讲坏话，一句好话都不讲。死亡会使我们了解到，我们作为人类有多脆弱渺小。我们意气风发的时候，所在乎的那些面子啦、身价啦、你辜负我多少啦、我照顾你多少啦，在死亡的面前，都会变得无谓可笑。

我当然知道很多家庭在死亡面前照样发生难堪的事，即使是在父母刚过世的床边，也能大喇喇地上演子女争抢遗产的戏码，那是因为子女眼中看到的并不是死亡，而是死亡带来的金钱重新分配的机会。那些人不会看这本书的，他们要看书，也是看如何毒死所有亲戚的推理小说吧。

到对方的葬礼上去致辞，不好再讲怨言，也不可能谈钱，那不是谈钱的场合，我们只能谈我们跟对方的关系，只能谈感情，好的感情与坏的感情会交错涌上心头，最后融合成为一篇滋味复杂的悼念之词。

我相信大部分的人，在看到这段文字的时候，都还没有机会在葬礼上讲话。如果真的对世上某人一直抱着无法释怀的怨念，而且被这份怨念所牵累，潇洒不起来，那我希望你愿意依照本篇的建议，设想自己受邀去对方葬礼致辞。我相信你一定会有意料之外的感受。

准备一篇葬礼上的悼念之词，会使我们变得简单、诚恳，回忆变得鲜明，情感变得深刻。死亡像当头淋下的瀑布，把我们满头的杂质冲去。

如果我们跟爸爸妈妈的关系一直有纠葛，冷战了好几年不讲话。那么，以子女的立场，在心中想象一篇为他们准备的葬礼致辞，一定会唤醒我们故意对自己隐藏了很久的各种感情与回忆。

就像是终于要离开学校的最后一天，回头看教室与操场一眼，教室里、操场上发生的蠢事与乐事，都会历历涌上心头。

这是我们为自己举行的仪式

完全没有要诅咒任何人死掉的意思，所以请不用觉得惶恐或者大逆不道，毕竟这篇悼念之词只会发生在你的脑中。用错成语，或者结结巴巴，或者过于冗长，都没有人会听见。

这是一个我们为自己举行的仪式。

（但如果你觉得实在文采斐然、跌宕起伏，忍不住就跑到那个还活得好好的对象面前朗诵给他听，那么我判断你们的关系应该会成功地迈向另一个恶劣的高峰……）

我们需要这种练习，练习在适度地体验了各种情绪之后，让某些情绪走掉，另外让某些情绪得到安放。

我们不需要成为圣人，该执着的还是可以执着，只是不必执着一辈子，不必执着到对方真的死亡的那一天。

我们把这个重要的人生场景，提早在我们的心中排练，这次排练应该会大大降低我们的悔恨，当将来那一天真正来临时。

想象一篇我们在对方葬礼上的致辞，我们会发现恼人的痛不药而愈，舒坦无痛的假期，提早来临。

26

让朋友陪你，成为更好的自己

如果你也常常不知道活着要做什么，在找朋友的时候，可以考虑方向感明确的人。……坐在别人开的车的后座，看看风景，也一起感受一点开车前往某处的乐趣。

酒吧老板为了增加收入，尽量把酒吧的空间租出去。早餐时段有蛋饼小哥租下，下午喝咖啡的时间，由部落巫医风格的老太太租下。

巫医老太太在户外门边摆几张桌子，除了供应咖啡，也提供算塔罗牌的服务，增加招徕顾客的噱头。

今天下午有四个男客人一起来喝咖啡，但他们对算塔罗牌显然毫无兴趣。这四个男人看起来年龄各不相同，巫医老太太很任性地判断他们应该分别是二十五岁、三十五岁、四十五岁和五十五岁。四人有一搭没一搭地聊着天，大部分时间都发呆一般地望着街上的风景。

当他们都喝到第二杯咖啡的时候，走来了一个大约五岁的小男孩。

小男孩很可爱，讲话也很清楚，他手上拿着一张照片，照片中是一个漂亮的女人。

小男孩走到这四个男人的桌边，对他们四个人亮出手中的照片。

“这是我妈妈的照片。”小男孩说，“我妈妈叫我拿这张照片来给你们看。”

四个男人都觉得很新鲜，看这个小男孩很可爱，于是也都面露微笑。

“你妈妈很漂亮，她跟我们认识吗？”二十五岁男问。

“我妈妈说，你们四个人当中，有一个是我爸爸。”

小男孩讲出了令人意外的话，简直像在椅子上通了电，四个男人忽然都挺直了背。

“可不能在街上乱认爸爸呀，小朋友。”三十五岁男板着脸说。

“难道是我在二十岁的时候……？”二十五岁男皱着眉头，望着远方说。

“你的鼻子还跟我挺像的。”四十五岁男露出微笑说。

“你找妈妈过来，我马上带你们去欧洲玩。”五十五岁男开心地说。

小男孩听了以后不知所措，转头望向巫医老太太。

巫医老太太笑眯眯地走过来，对四个男人说：

“这是我孙子。”巫医老太太把那张照片拿在手上。“这是我念大学时的照片，见笑啦，是我拜托我孙子来逗你们玩的。我最近在写的剧本有这么一场戏，我写得不太顺，到处找灵感，所以想看看你们的反应。”

二十五岁男跟三十五岁男目瞪口呆，四十五岁男跟五十五岁男哈哈大笑。

巫医老太太自鸣得意地华丽转身，为她惊魂甫定的四位客人，端上香喷喷的第三杯咖啡。

朋友像一本有趣的书，帮助我们窥见另一种价值观

喝咖啡的这四个男人是朋友，而且应该是好友，没什么正经事要谈，却还是约了无所事事地坐在一起喝咖啡发呆，是好友才会约的无目的的聚会。

虽然是好友，但是对同一件事情的反应很不一样。街上出现一个莫名其妙的小孩，要认自己当爸爸，有的人会立刻严肃地否认，有的人却嘻嘻哈哈地觉得说不定是生命的转弯出现了。

年龄与历练会影响一个人的价值观，我们在寻找新朋友的时候，未必能很快探索出对方的价值观，但会比较容易知道对方的年龄与历练。

你会选年龄历练跟你自己相似的人当朋友，还是会选很不一样的？

我常常被问，一个愿意看书的人应该怎么选书？

我最常给的回答是：“选那些你有点看不懂的书，胜过看那些你一看就懂的书。”（我其实不喜欢为别人推荐书，我觉得号称爱看书的人，不该放弃找书的乐趣。自己找书像恋爱，叫我这样不相干的人来推荐书，那变成相亲了。）

一看就懂的书，像珍珠奶茶那样随口一吸就呼噜噜一股脑滑下喉咙去的书，完全不会让我们必须停下来思索一下的书，这样的书何必多看呢？我常常看到有人炫耀他站在书店的书架前，用三十分钟就把一本书给翻完了，不必花钱买，我都会为这个人感觉可惜，他除了享受三十分钟免费的冷气，错过了看书最重要的乐趣：让视野变得不一样。

完全看不懂的书，想要硬看也没办法。我手边存放着一些入门级的数学书与物理书，我就算利用无法随意逃离的坐马桶的时间逼自己小段小段地看，慢吞吞地硬是看上一个月，也仍然看得一头雾水。

但如果不是完全看不懂，而是有点看不懂的书，就会令我充满期待，觉得那样的作者是替我把眼角无痛割开再拓宽好几公分。一边看，一边眉飞色舞，了解到同一件事情，竟然可以有这么多不同的角度去理解，而得到这么多不同的结论。

我也喜欢用这个标准去找朋友。

不同历练、不同年龄的人，常常让我发现，自己原本的想法有多么狭窄、多么乏味、多么一厢情愿。

我们从小到大，被家人灌输了一些价值观，被老师灌输了一些价值观，被上司灌输了一些价值观，被客户灌输了一些价值观。被这些人灌输价值观的时候，我们都是被动的、没的选择的。我们并不是因为欣赏这些人的价值观，才跟他们相遇以及相处。我们是因为被生下来被送进学校，因为要领薪水做生意，才跟这些人相遇并且相处，没的选择地被对方灌输了价值观。

这样比较下来，就知道来自朋友的价值观，是多么珍贵啊（这里说的朋友，也包括恋人）。

在寻找朋友的时候，我们是有的选择的。我们也许没有清晰地察觉，可是往往我们就是冲着对方的价值观，才跟对方做朋友的。而且，在当朋友的过程中，我们跟朋友的价值观会互相影响，就像靠近的两棵不同的树，表面看起来各长各的，但其实这两棵树各自影响着所在的土壤，透过土壤也就影响了另一棵树的生长。

这在各种人际关系当中，是非常特别的一种机会与经验。

如同我们选择感兴趣的书一样，我们不再是被灌输价值观，而是邀请对方，来参与我们这一辈子对自身价值观的塑造。

能够对你有所启发的朋友，就是适合交往的朋友

二十五岁的人跟五十五岁的人，双方适合做朋友吗？

如果对方的状态吸引你，对方的观念也对你有启发，那当然适合。

不同的年龄一定会有不同的视野（不同的性别当然也会，只是你也知道，有些伴侣就是无法容忍另一半有异性的朋友）。二十五

岁的人，可能担心自己在五十五岁的人面前，会显得很肤浅，或者很怕五十五岁的人动不动爱说教。不过我的经验不是这样。

我所生长的老派家庭气氛，使我大量参与长辈们应酬的场合，我看过他们在不应该喝醉或者吵架的场合喝醉了，吵架了，这时我知道他们不是什么长辈，只是一个年纪变大的人，他们身上的脆弱或愤怒都依然在，可是年纪会使他们散发出“一切无非就这样”的放松的气息，这种气息给了我很大的安慰，让我对某些事没那么焦虑。然后他们也愿意很爽快地告诉我：生活的真相与我想象的不同。我很清楚地记得，有一次为了跟他们争辩一个字的读音，我把厚厚的字典翻开来给他们看，然后他们笑着说：“读什么音都没关系。别人知道你在说什么就好了。”我顿时醒悟自己有够无聊。我现在回想，相信我当时的种种固执或幼稚，对他们来说也是一种乐趣。对已经不在乎的人来说，面前依然认真看不开、想不通的人，一定也散发着某个程度的耀眼生命力吧。

小时候的这种经历，使我后来选朋友的时候，非常重视对方是否能够启发我。我做事情往往没有章法，所以做事步骤果断凌厉的人非常启发我；我心猿意马，什么都想试试，一点也不专注，所以专注且见过世面、擅长泼冷水的人，也很启发我；我对人常常缺乏耐心，所以对人温暖、有耐心的人，特别吸引我；我花在工作的时间远超过营造生活情趣的时间，所以懂生活情趣的人，也非常吸引我。（吸引我的种类可真不少啊……）

这些朋友不只是帮助我校对我的方向，他们甚至参与制定了我的方向，但我在接触过的其他人身上，往往得到的是别的东西，而不是这些启发。

我亲身体会到，我们本来就应该对人际关系的不同对象，怀抱不同种类的期望。比方说，家人更多应该是拿来爱的，而不是拿来听从的；对一起工作的伙伴，要建立专业上的信任，却未必要建立友谊；等等。

朋友之间分享秘密，就是将他们思路与感情的横剖面，揭露给我们看

我在那本《为你自己活一次》里面，写了很多我对于“做自己”的建议，但没什么机会谈到友谊。现在，在这本书里，我希望可以陪大家一起，认真地想象一下友谊在人生的地位。

有什么办法可以一边活，一边校对我们的人生方向？我们当然可以抬头看天空的星辰。我们从小向往的英雄伟人，应该就是那些星辰。可是回到地面上的时候，我们更需要身边有其他真正同步在生活的人，当成我们校对人生方向的参考坐标。

路边的路人或者媒体报道的名人，虽然也有值得参考的地方，可惜这些人不太会告诉我们，他们做决定的真实过程。而朋友会告诉我们。

朋友在互相倾诉感情亲情的烦恼、学业工作的困扰或身体的病痛时，其实就是把他们思路的横剖面，揭露给我们看。

我听过一些二十岁以下的人告诉我，他们的人生没有秘密，他们没有隐瞒过任何事情。是的，我相信。然而，秘密并不见得是故意隐瞒的事情，秘密往往就是那些我们自己都会忽略的思路的横剖面啊。

所谓分享秘密之后，才能真的成为好友。那些秘密通常不会太戏剧化，不会是曾经被绑去飞碟上植入芯片，或是被蜘蛛咬过以后开始能喷出蜘蛛丝那种等级的秘密。

朋友之间分享的秘密，多半就是我们在做各种决定的过程中，思路与感情的横剖面。

让朋友开着车，载着你兜兜风

有史以来长篇连载的日本经典漫画，都非常强调“热血”。所谓的热血，只发生在两方面：主角对自身梦想的热血，以及主角与伙伴之间的热血。大家在《海贼王》以及《火影忍者》里面都看过无数热血的名场面，如果因为看了这些漫画，觉得朋友之间一定要达到如此热血的程度，那当然就会对自己生活中的友谊，感到过于平淡。

可是，我们本来就是日常生活中的人，没有要去当海贼或忍者，没有那些生死相许、两肋插刀的机会吧（我是说两边肋骨真的让刀插进去哦）。

比起这些长篇漫画，《哈利·波特》系列的小说，对友谊的描写倒是令人意外地朴实得多，同时又很细致。哈利·波特跟他身边最亲密的两位好友，三人的个性与在乎的事情其实差异很大，他们三人每次起争执的起点，一定就是那个各自只有自己懂的、做决定的内心过程，所以老是会说出："我必须这么做，为什么你就是不懂？"然后当然就吵架了。但在彼此影响之下，他们又渐渐培养出共同的信念。

我听过很多人说，他们不知道活着要做什么。这个困惑很普遍，也很真实，完全不必羞于启齿。有这种感受的人，很多已经被家人跟老师灌输过价值观了，这表示已经灌进脑中的价值观，不管用。

如果你也常常不知道活着要做什么，在找朋友的时候，可以考虑方向感明确的人。你既然暂时没有方向，也就会暂时没有自己开车的欲望，那就姑且坐在别人开的车的后座，看看风景，也一起感受一点开车前往某处的乐趣。说不定坐着坐着，多看一些路上的风景，就渐渐会有想法了。

不必用谣传中的最高标准，来审核自己的人生，也不必用谣传中的最高标准，来审核自己的人际关系。那种东西，让漫画或电影的主角去完成就够了。

我们要的是心里明白，恰如其分。

如同我在《为你自己活一次》里所建议的：不是用力控制情绪，而是感受情绪、懂得安排，进而达到平静；不必用力追求太常被高估的快乐，而是在平静之中体会喜悦。

在如此日常的生活里，朋友不必在伟大的航道上，真的被搞到为你两肋插刀。而是恰如其分地，在你的地图上扮演着可供参考的坐标，或者让他开着车，载着你兜兜风。

你不知道朋友的启发，能把你带到多远，就像我每翻开一本我很期待的书，我也不知道这本书能够带我到多远。

但起码，我们都不再只是停留在原地发呆了。

别让你生命中的人白来一场

写到这里，我想到我小时候的朋友。当时根本没想过世上有“人际关系”这个字眼，本能地感觉“别人都好有趣”，即使同学中真的有凶恶与肮脏的人，也都感觉有趣，一厢情愿地想象他们都是从故事书里走出来的人（确实是书呆子的想法，盼诸君赏个白眼，一哂而过即可）。

我小时候几个难忘的朋友，其中一个找我去游泳，我说我不相信水，他就示范了像浮尸那样脸朝下静静漂浮在水上。他那一整天都没打算要我游泳，他自己也不游，就陪我在泳池里当浮尸，我从那天开始，就能公平地看待水了。

第二个朋友，被我拉着一起替学校编刊物，结果刊物违背了校规，学校要记我过，这个朋友根本没有接触刊物内容的事，但他知道我要被记过时，要求学校也把他一起记过。

第三个朋友跟我同一寝室，他看我有阵子神经过于紧绷，一天早上四点半把我叫醒，拉我到学校的楼顶去，在黑暗中对着天空站好，等太阳出来。

那是我第一次亲眼看到太阳一丝一丝地从远方的云里面跑出来，完全跑出来的那一瞬，我的心也被照亮了。

跟这三个朋友，我后来都没有保持联络。我猜他们也都早已忘记我提起的这些事，但他们在我身上留下的痕迹一直都在，某些时刻，我仍会不由自主地想到当时的水、当时的自己、当时的阳光，然后就默默地松一口气。

如果你读过《小王子》，你就会知道，虽然小王子后来和狐狸分开了，但因为他们的相遇，从此麦田与脚步声，对狐狸来说有了不同的意思；而小王子也终于明白了为什么他那朵玫瑰是唯一的玫瑰。

这是你的人生，除了做自己，没有其他可做的。不要让你生命中的人白来一场，让他们带你去你原本不知道的远方，让他们陪伴你成为比你原本想象中更好的自己。

康永的跋

最后，我想说：
只有当你看了这本书，这本书才存在。
你就是这本书所赖以存在的人际关系，谢谢你。

图书在版编目（CIP）数据

因为这是你的人生 / 蔡康永著 . -- 长沙：湖南文艺出版社，2019.12

ISBN 978-7-5404-9369-1

Ⅰ.①因… Ⅱ.①蔡… Ⅲ.①情商—通俗读物 Ⅳ.①B842.6-49

中国版本图书馆 CIP 数据核字（2019）第 237842 号

上架建议：成功・励志

YINWEI ZHE SHI NI DE RENSHENG
因为这是你的人生

作　　者：蔡康永
出 版 人：曾赛丰
责任编辑：薛　健　刘诗哲
监　　制：蔡明菲　邢越超
特约策划：董晓磊　毛昆仑
特约编辑：李美怡
营销支持：杜　莎　李　帅　周　茜
版式设计：梁秋晨
插　　画：瓜几拉
封面摄影：肥　英
封面设计：尚燕平
出　　版：湖南文艺出版社
（长沙市雨花区东二环一段 508 号　邮编：410014）
网　　址：www.hnwy.net
印　　刷：三河市中晟雅豪印务有限公司
经　　销：新华书店
开　　本：875mm × 1270mm　1/32
字　　数：202 千字
印　　张：9
版　　次：2019 年 12 月第 1 版
印　　次：2019 年 12 月第 1 次印刷
书　　号：ISBN 978-7-5404-9369-1
定　　价：46.80 元

若有质量问题，请致电质量监督电话：010-59096394
团购电话：010-59320018